KB120860

사랑의 도구들

사랑의 도구들

사랑할 때 미처 몰랐던 관계의 모든 것

유선경 지음

콘택트

왜 사랑을 해야 하냐는 질문에 대한 답은
왜 살아야 하느냐는 질문에 대한 답과
같다.
당신이 어떤 답을 떠올릴지라도.
설령 모른다고 답할지라도.

작가의 말

"모든 사람은 인정과 사랑을 원한다."

이십 대 중반, 정신과 전문의에게 들었던 그 말 한마디가 출구 없는 미로를 헤매고 있던 내게 표지가 되어주었다. 이전까지 나는 내가 그토록 사랑을 갈구하는 게 어디가 잘못돼서 그런 줄 알았다. 사랑을 갈구하는 만큼 내가 모자란 줄 알아 사랑받고 싶은 마음을 꼭꼭 숨겼다. 그래서 차라리, 사랑했다. 뭐가 사랑인 줄 모르는 채로. 그렇게 내 영혼에 선천적으로 뻥 뚫려 있는 '사랑'이라는 구덩이를 채우고 싶었다. 그 위에 우리만의 예쁜 꽃밭을 만들고 싶었다. 남들처럼.

결론을 말하면 그 구덩이를 채우는 데 성공했다. 살면서 가장 잘한 일이 있다면 그 구덩이를 채우려고 갖은 애를 쓴 것이고, 끝내 채웠다는 것이다. 비록 꽃밭은 사라지고 없지만, 참으로 희한한 경험을 하고 있다. 한 번 채운 구덩이는 여전히 건재하다. 이제야 에리히 프롬이 말한, 예전에는 전혀 수긍할 수 없었던, "사랑의 문제는 대상의 문제가 아니라 능력의 문제"라는 말을 이해한다.

한 사람의 일생에 지대한 영향을 끼치는 조건으로 많은 이들이 '가정 환경'을 첫손에 꼽는다. 그러나 성인이 된 뒤에 '연인'만큼 한 사람의 가치관과 삶, 영혼에 변화를 일으키는 존재는 없다고 생각한다. 강렬하게, 혹은 스미듯이 강도의 차이는 있을지라도 연인은 분명 한 사람이 자기 자신을 바라보는 시선에 빛을 입혀준다.

사랑할 때 우리는 연인의 눈에 자신이 어떻게 비칠지 궁금해하며 진지하게 자기가 어떤 사람인지, 연인은 어떤 사람인지 사색한다. 이런 궁금증과 사색은 사랑에 원망이나 미움이 덧씌우거나 이별한 뒤에 더욱 극대화된다. 그러니 타인을 사랑해본 적 없는 사람이 자기가 진정으로 어떤 인간인지 알기란 묘연하다. 어떤 면에서 인간은 타인을 사랑할수록 자기를 알아가는 존재다.

지난 일 년 동안 꼬박 책상 앞에 붙박여 이 책을 쓰는 동안

'어쩐지 아무도 사랑에 대해 관심 없는 시절에 혼자 사랑을 말하는 것 같다'는 의구심과 함께했다. 국내외 많은 자료를 참고하고 쓰는 동안 깨끗이 털어내고 확신할 수 있었다.

"모든 사람은 인정과 사랑을 원한다."

단지 이 어지럽고 힘겨운 시절에 그 바람을 이루기 힘들 거 같아 적당히 타협하거나 무관심한 척할 뿐이다. 이 책은 낭만적이거나 열정적인 사랑의 감정에 대해서 다루지 않는다. 지금까지 사랑에 대해 잘못 배운 것들을 수정하고, 사랑이 행동이 되고, 나아가 자기 삶에 유익한 것이 되기 위해 필요한 구체적인 방안을 모색하는 데 중점을 두었다.

사랑은 언제나 정확히 나를 위해 오고 있다. 그 화살표를 다른 데로 돌리지 말기 바란다. 기꺼이 맞아 나를 위한 사랑을 하자. 동시에 사랑하는 사람과 함께하는 삶만이 정답은 아니라는 사실도 기억하기 바란다. 혼자 혹은 함께, 삶의 형태는 저마다 다를지라도 사랑이라는 도구를 지니면 우리가 자기 자신과 타인을 이해하고, 스스로 평온해지는 데 크게 도움을 받을 수 있다. 이 책이 그 길에 벗이 되어줄 수 있다면 내 인생도 그리 헛되지는 않겠다.

유선경

차례

2장 사랑은 빠지는 것이 아니라 하는 것이다
_사랑의 가치

3장 나의 사랑을 새롭게 발명하자
_사랑의 재창조

14

우리는 합일을 원한다

서른한 살 늦여름, 내가 사는 도시는 연일 태풍의 영향권에 들어 있었다. 차를 몰고 지하차도로 들어가기 직전, 거인이 입안에 잔뜩 머금다 내뿜는 것 같은 바람을 옆구리에 얻어맞았다. 본능적으로 운전대를 꽉 움켜쥐었다. 거기에 매달려야 내가 살 수 있기라도 할 것처럼. 창밖은 태풍을 동반한 폭우가 쏟아지고 있었다. 와중에도 나를 잡아당기는 시선을 느껴 곁눈질을 했을 때 기어이 보고야 말았다.

수십 년 동안 그 자리에 붙박여 있던 가로수가 뿌리째 뽑혀 쓰러져 있었다. 며칠째였을까. 길바닥에 저리 방치된 채 오소소 떨고 있는 것이… 한 번도 상상해본 적 없었다. 열 살 적부터 봐온 나무가, 함께 자란 나무가, 고작 태풍 따위에 통째로 망할 줄은…. 그에겐 더 이상 아무 희망이 없었다. 왜였을까. 딱히 별 일 없는 여느 날과 다름없었는데, 그저 하늘에서 폭우만 쏟아지고 있을 뿐이었는데, 꼭 나를 보는 것 같았다. 쓰러져서 제 힘으로 도저히 일어설 수 없는데 돌보는 손길 하나 없고, 홀로 고스란히 태풍과 폭우를 맞고 있는 모습이, 그 망한 꼴이, 꼼짝없이 나였다. 머리통이 비구름이 되더니 눈물이 쏟아졌고, 결심했다.

"나한테도 누가 있어야겠어!"

그 이름을 무엇이라 불러도 상관없으리라. 사랑, 애정, 연정, 순정, 연모, 사모, 연애, 연인, 애인, 남자, 여자…. 우리는 마법 같은 동반자를 원한다. 아무에게도 털어놓을 수 없는 상처를 치유해주고, 말하지 않아도 욕구를 알아주고 채워주며, 나라는 존재와 미래를 보호해주고 지지해줄 이 하나.

무엇이라고 불러도 상관없다. 썸, 만남, 연애, 로맨스, 동거, 결혼…. 우리는 합일을 원한다. 타인과의 합일을 통해 낙원에 이르고자 한다. 거기서는 내 존재와 삶이 뿌리째 뽑혀 맥없이 말라비틀어지는 일 따위, 없으리라. 사나운 강풍이 휘몰아치고 억센 폭우가 쏟아져도 춥고 서럽게 젖지 않으리라. 어디에도 할퀴어지지 않으리라. 그리하여, 마침내 모든 상처가 솔아 나도 행복해질 수 있으리라…고 확신했었다.

절박한 착각이었다.

1장

사랑의 낡은 정의를 부정하라

_사랑에 대한 오해

사랑이라는 목적지에 다다르기 위해서 하는
모든 생각과 행동이 내가 어떤 인간인지
최종적으로 증명한다.

“나는 사랑을 목적지로 설정하지 않았는데?”

이런 말로 피해갈 수 없다.
남은 것이 죽음뿐일 때,
자기도 예외가 아니었다는 뒤늦은 진실만 깨닫는다.

19

사랑이란
아무것도 아닌 것을 위한 것

#사랑의 필요

일생을 송두리째 흔들어서 펼쳐놓고 소반다듬이하듯 털어내고 싶은, 명백한 잘못이 있다. 이것 말고도 무수한 잘못을 저질렀으나 이 잘못만큼 반성하지 않는다. 열두 살 적부터 쉼 없이 사랑했다는 것. 사랑이 생의 한정 자원인 '시간'을 삼켰다. 사랑하는 '그'에 대한 설렘과 몽상으로 나의 한정 자원을 탕진했다.

얄궂게도 10~20대에 빠지는 사랑이란, 못지않게 중요한 다른 무엇을 선택하고 몰두하도록 놔두지 않아 인생의 교차로에서 한 번, 두 번, 세 번… 출구를 놓치게 만든다. 내비게이션에 표시되는 목적지와의 거리가 점점 더 늘어난다. 그러니 사랑이란 무턱대고 무용한 행위.

놓치는 줄 알면서도 좋았다. 백 번을 놓친다 해도 좋았다. 뻔히 출구를 보고도 마땅히 지나쳐야 사랑인 줄 알았다. 그래야 너를 향한 나의 사랑을 증명할 수 있다 믿었다. 곳곳에 나부끼는 사랑의 슬로건, “All or Nothing”.

그러나 사랑은 결코, 나에게 이로운 다른 무엇을 선택하거나 몰두하는 것을 방해하지 않는다. 지원하며 기다린다. 그러니 “All or Nothing”, 이것은 사랑이 아니라 욕망의 속성. 나는 사랑한 게 아니라 욕망한 것이었다. 정확히는 사랑을 욕망했다. 너는, 내가 사랑의 욕망을 실현하기 위해 필요한 도구였다. 그때 네가 있던 자리는 ‘너’가 아니라도 ‘너^1’, ‘너^2’ 등등이 메꿨을 것이다. 빈자리를 참을 수 없었으니까. 그러니 내가 눈빛을 반짝이며 바라본 것은 ‘너’가 아니라 ‘메꿔진 자리’에 대한 기쁨이자 안도에서였다. 나는 어쩌자고 시장에서 팔지 않는 것을, 다른 무엇으로 대체 불가능한 것을 갈구했을까.

그렇다고 ‘사랑’이 아니었을까. ‘필요해서 사랑한다’와 ‘사랑해서 필요하다’에는 무슨 차이가 있을까. 전자는 ‘자신의 필요에 따라 사랑한다’ 이고, 후자는 ‘사랑하기 때문에 없으면 안 된다’는 뜻일까. 둘은 ‘우로보로스Ouroboros’✣의 머리와 꼬리와 같다. 우로보로스의 머리가 꼬리를 삼켜 둥근 원을 이룬다. 우리는 '사랑'과 '필요' 중 무엇이 먼저 자기에게 도달했는지 쉬이 구분할 수 없으며, 할 수 있다 해도 사랑의 순도에 차등이 발생하지 않는다. 가장 필요한 것과 가장 사랑하는 것은 다른 무엇으로 대체 불가능하다는 점에서 동일하다. 그러므로 반성하지 않는다. 너를 사랑의 욕망을 실현하기 위한 도구로 바라봤다는 사실에 대해서. 그러나 반성한다. 그조차 제대로 실현하지 못한 비겁함에 대해서. 사랑한다면 모름지기 "사랑을 순수 소비, '아무것도 아닌 것을 위한' 낭비의 경제 체계 안으로 위치"✣✣ 시켜야 했다.

사랑이란 '아무것도 아닌 것'이 아니라 '아무것도 아닌 것을 위한 것'이다. 아무것도 아닌 것이란, 볼 수 없고 만질 수 없지만 분명히 존재하는 모든 것. 무한히 줄 수 있고 무한히 받을 수 있으나 결코 빼앗기거나 도둑맞을 일 없는 그 모든 것. 나락에서 도약까지, 절망에서 환희까지, 갈망에서 원망까지, 재미에서 지루함까지, 소중함에서 상실감까지, 고마움에서 그리움까지… 이 모든 것을, 끝에서 끝까지, 무수한 갈피마다 낱낱이 체험해야 했다. 그러지 못한 비겁함을 반성한다.

✣ 그리스 신화에 등장하는 거대한 뱀으로, 자신의 꼬리를 물어 원의 형상을 하고 있으며 순환과 영원을 상징한다.

✣✣ 롤랑 바르트, 『사랑의 단상』, p127, 동문선

이게 다 사랑을 둘러싼 온갖 환상들 때문이다. 하늘에서 남자가 비처럼 내려온다는 소리는 그림이나 노래라면 모를까, 현실에서 결코 일어나지 않는다는 사실쯤이야 누구라도 안다. 일어날 거라 믿는다면 제정신이 아니라고 놀림 받을 것이다. 왜 사랑을 두고는 그런 '환상'에 빠지는가. 왜 그런 '환상'을 퍼트리는가. 그 환상이 사랑이 아무것도 아닌 것을 위한 것인 줄 꿈에도 모르게 한다. 그리하여 우리는 사랑을 목적 없이 소비하는 방식을 떠올리지 못한다.

사랑은 오게 할 수도 막을 수도 없는 비 같은 게 아니라 자신의 의지로 한 사람을 사랑하기로 선택하는 것이다. 여기에는 우리의 사랑에 문제가 발생했을 때 절대 도망치지 않고, 의지를 발휘해 적극적으로 극복하겠다는 다짐이 담겨 있다.

"운명적으로 사랑에 빠졌다" 같은 소리라니, 내가 짊어져야 할 사랑을 고작 운명에 떠넘기려 하는가. '운명'을 사랑과 어울리게 두면 허울 좋은 구덩이가 된다. 빠지기도 쉽고, 빠져나가기도 쉬운. 이럴 때 사랑은 나르시시즘에 붙들려 생의 허공을 부유하며 한정자원을 헛되이 탕진하게 만든다. '자신의 의지와 선택'으로 사랑을 하면 목적 없이 소비할 수 있다.

젊음과 사랑만큼은 아무것도 아닌 것을 위해 소비하는 것이 옳다. 그 '아무것도 아닌 것'에 인생이 들어 있다. 그런 점에서 이렇게 첨언해도 좋겠다. 젊음과 사랑을 남김없이 소비하는 것이야말로 자기 인생을 위해 잘하는 방법이라고. 그런데 인생을 위한다는 건 뭘까?

살아있고, 성장하는 것.

우리는 살아있고 성장하기 위해 살아있고, 성장해야 한다. 많은 이들이 죽어있고 멈춰 있는데 죽어있고 멈춰 있는 줄 모르다가 죽고 멈춘다. 살아있음과 죽어있음, 성장과 멈춤의 차이를 머리로 학습할 수 없다. 각자 몸으로 체험하지 않고는 도저히 알 수 없다.

봄날 이른 아침, 산책길에 나서는데 목덜미를 스치는 꽃향기에 놀라 돌아봤더니 거기 라일락 한 그루, 눈부시게 꽃 피어 있었다. 또 어느 봄날, 누가 내 어깨를 툭 치는 것 같아 돌아봤을 때 뒤꿈치에 설익은 살구 한 알 떨어져 있었다.

그리고 늦은 봄, 길가에 떨어진 벚나무의 이파리 한 장을 주워 들고 그 안을 찬찬히 들여다보았다. 나목 한 그루가 들어 있었다. 이파리의 수맥은 나목 한 그루의 모습 그대로였다. 이파리 한 장에 나목 한 그루. 그 나목에서 꽃들이 두근거리며 피어나고, 그 두근거림이 온 세상에 번져 천지를 술렁이게 하고, 나비와 벌들이 찾아들어 열매가 열린다. 그 이파리 한 장이 나의 밑그림인양 소중하게 받쳐 들고 집으로 돌아와 울었다. 하늘에서 나의 안부를 묻는 그림엽서 같았다. 라일락과 나, 살구열매와 나, 이파리와 나. 경계가 허물어져 하나가 되었고, 온 몸의 감각이 일깨워졌고, 그 순간에 나는 살아있었다. 나의 인생을 내가 위하는 유일한 방법, 살아있고 성장하는 것.

성장에는 번데기 안에서 유충이 녹아 액체로 변화하고, 액체의 단백질을 바탕으로 성체로 재조립되고, 우화하는 변태가 필수 조건이다. 변태했으나 성충은 유충 시절을 고스란히 기억한다. 체험 없이 이해할 수 없다. 다만 상상할 뿐이다. 체험하는 사람은 성장하고 살고, 상상만 하는 사람은 멈추고 끝내 미친다. 그런데 세상은 자꾸 상상을 소비하라고 유혹한다. 살지 말고 미치라고 한다.

명백히 잘못했고 반성하지만 후회하지 않는다. 몇 번이고 다시 생각해도 대견한 일이다. 상상만 하지 않고 체험해서, 미치지 않고 살아서, 도망치지 않아서, 내가 사랑을 갈망해서.

참 잘한 일이다.

25

사랑은 본능이 아니다

#내가 어떤 인간인지 증명한다

본능이란 '생물체가 선천적으로 하게 되어 있는 동작이나 운동'이다. 아기가 젖을 빤다든지 병아리가 알을 깨고 나오는 행동 등이 이에 해당한다. 사랑이 과연 '본능'일까. 여기에 답을 하려면 사랑이 무엇이냐에 대한 규정이 필요한데 뒤에서 본격적으로 다루기로 하고, 여기서는 우선 국어사전의 풀이에 따른다.

'어떤 사람이나 존재를 몹시 아끼고 귀중히 여기는 마음'.

사랑이 본능이어야 한다면 몹시 아끼고 귀중히 여기는 마음이 아기가 젖을 빠는 것처럼, 병아리가 알을 깨고 나오는 것처럼 선천적으로 하게 되어 있는 동작이나 운동이어야 한다. 그렇다. 사랑이 본능쯤 되려면 동작이나 운동이어야 한다. 그러나 선천적으로 행해지기는커녕 어떻게 행해야 하는지조차 알지 못한다. 여기에서 얼마나 많은 망설임과 오해, 엇갈림이 발생하는가. 심지어 번지수가 잘못된 자기 비하나 범죄까지도.

사랑은 본능이 아니다. 후천적으로 그 동작이나 운동을 습득해야 하며 성숙한 인간이 할 수 있는 선택이자 의지이다. 그래서 '라이너 마리아 릴케'가 다음과 같은 명구를 남긴 것이다.

"사람과 사람이 좋아한다는 것, 그것이야말로 어쩌면 우리에게 부과된 가장 어려운 과제일지도 모릅니다. 가장 궁극적인 과제, 마지막 시련이자 시험이며, 그 일에 비하면 다른 모든 일은 준비에 지나지 않는 그런 작업입니다. 그러므로 모든 것에 초심자인 젊은이들은 아직 사랑을 할 능력이 없습니다. 그들은 사랑을 배워야 합니다. 온몸으로, 온 힘을 다해, 그리고 그들의 외롭고, 불안하고, 위를 향해 고동치는 심장에 집중해 사랑하기를 배워야 합니다."[✣]

✣ 라이너 마리아 릴케, 『릴케의 편지』, p47, 지만지

사랑은 닻을 올려야 하는 출항지가 아니라 돛을 내릴 수 있는 목적지다. 아무것도 아닌 것을 위한 목적지. 평생을 가도 닿을 수 없을지 모를 목적지. 우리는 사랑해서 만나는 것에 안도하지 않고 사랑하기 위해 만나야 한다. 과거의 나를 비롯해 많은 이들이 사랑해서 만났으니까 저절로 사랑이 행해질 거라는 환상에 젖은 나머지 혼란에 빠진다.

엊그제 처음 만났을 때도 그랬는데 오늘 다시 봤을 때도 동공이 확장되고 가슴이 쿵쾅대고 손가락만 스쳐도 온몸이 짜릿하고 심장뿐 아니라 머리도 몰니르를 맞은 것처럼 밤이고 낮이고 멍하니 그 사람만 생각난다. 탄식처럼 내뱉는다. “아! 나는 사랑에 빠졌어!” 옛말을 그다지 좋아하지 않으면서 이때만큼은 ‘시작이 반’이라는 옛말을 간절히 믿고 싶다. 사랑에 빠져서 사랑이라는 경주를 절반 이상 성공적으로 달성했다고 믿고 싶다. 그러나 아직 사랑이 아니다. ‘매혹’이다. “나는 사랑에 빠졌어!”가 아니라 “나는 매혹당했어!”이다.

매혹! 얼마나 찬란한 이름인가. 우리는 매혹당한 이에게서 결코 눈을 돌릴 수 없다. 동시에 눈이 부셔 제대로 눈을 뜨지 못한다. 자꾸 보고 싶은데 정작 바로 보지 못한다. 매혹은 사랑이라는 기나긴 여정에서 위대한, 그러나 겨우 첫발일 뿐이다. 심장에 집중해 사랑하기를 배우지 않고 살갗의 매혹에만 의존하면, 시간이 눈부심을 거두어들였을 때 사랑이라 믿었던 그것이 칙칙해진 모습을 보고 놀라 뒷걸음질 칠 것이다.

아무것도 아닌 것을 위한, 사랑이라는 목적지에 다다르기 위해서 하는 모든 생각과 행동이 내가 어떤 인간인지 최종적으로 증명한다. “나는 사랑을 목적지로 설정하지 않았는데?” 같은 말로 피해갈 수 없다. 남은 것이 죽음뿐일 때, 자기도 예외가 아니었다는 뒤늦은 진실만 깨닫는다. 예를 들어 “나 또한 사랑이라는 목적지에 이르고 싶었으나 애써 외면하면서 평생 나 자신조차 속이고 살았구나” 하는 식으로.

사랑이 어두컴컴한 가슴속과 머릿속을 횃불처럼 비추어 내가 누구인지 샅샅이 밝힌다. 이에 대해 “그렇다면 한 번도 사랑해보지 않은 사람은 자기가 누구인지 모르고 죽을 수 있다는 말인가?” 하고 묻는다면 나는 “그렇다”라고 답하겠다. 사람은 사랑에 빠지면 사랑을 받고 싶어진다. ‘적당히’로 어림없다. 확실하게, 넘치도록 받고 싶다. 그렇게 되지 않으면 온몸의 혈관이 말라비틀어져 버릴 것 같다. 이로써 하나의 과제가 주어진다.

“사랑받고 싶은데, 어떤 사람이 돼야 사랑을 받을 수 있지?”

“지금의 나는 그에게 어떻게 보일까?”

“그런데 나는 어떤 사람이지?”

타자와 관계를 맺고, 타자의 눈에 내가 어떻게 비칠까를 의식할 때야 비로소 “나는 누구인가?”라는 질문을 정면으로 마주한다. 관계가 도타울수록 타자라는 거울이 나를 더욱 커다랗고 자세히 비춘다. 그 앞에서 나는 나를 발견하고, 미지의 나를 개척한다. 내 몸 안에 있는 지구 두 바퀴 반의 거리, 100,000킬로미터 길이의 혈관에서 일제히 피를 돌게 한 위대한 그가 사라진 다음에도, 사랑하고 사랑받기 위해 내가 발견한 나는, 내가 개척한 나는 남는다. 영원히.

30

내가 나로서 자유로워지기 위하여

#이기적 사랑의 효용

사랑과 연애, 결혼, 출산은 한 묶음이었다. 묶음이 풀렸다. 사랑은 하고 싶은데 연애하기 귀찮다. 연애는 즐기는데 결혼을 해서 가정을 꾸리고 싶지는 않다. 결혼은 하고 싶은데 출산은 하고 싶지 않다. 심지어 사랑도, 연애도, 결혼도 다 하기 싫다는 식으로 묶음이고 낱개고 죄다 거부하는 이들이 있다. 여기에는 함께일 때와 혼자일 때를 대조해 비용 대비 이윤을 계산했는데 도무지 이윤이 남지 않을 거 같으니 혼자가 낫다는 판단이 깔려 있다. 데이트 비용이나 결혼 비용 같은, 숫자로만 하는 계산이 아니다.

연애나 결혼의 노고를 감당할 자신이 없다. 백지장도 맞들면 낫다는데 결혼을 하고 가정을 꾸리면 백지장도 무거워지다 못해 미일 것 같다. 나도 내 삶의 무게에 눌려 허덕이는데 다른 삶의 무게까지 짊어질 자신이 없다. 파트너의 인생에 지속적으로 영향을 끼칠 수 있다는 사실도 상당히 무섭다. 여기까지는 반백 년 전 사람도 연애나 결혼 앞에서 공통으로 두려워했다.

현대인의 사랑을 가로막는 장해는 이것이다.

"나의 취향, 내가 돈이나 시간을 쓰는 방식, 나의 미래를 위한 기회[✣]에 간섭을 받거나 지장을 받거나 포기하고 싶지 않다."

지금까지 구축해온 '자기'가 부서질지 모른다는 공포심이야말로 연애나 결혼 앞에 선 가장 큰 장해물이다. 공포심을 유발하는 상황을 괴롭게 여겨 피하려고 한다.

작은 충격에도 얼마나 쉽게 '자기'가 부서질 수 있는지 입시 경쟁과 사회생활을 통해 경험했다. 부모의 결혼생활을 통해 결혼이 얼마나 '자기'를 부서뜨리는지도 목격했다. 그 대가가 얼마나 터무니없는지도. 그래서 의무와 책임을 최대한 줄이고, 위험을 피하는 선택을 한다. 이는 '자기애'라기보다 '자기보호'에 가깝다. 그런데 현실에선 '이기적'이라는 비난을 듣는

✣ 더 나은 파트너를 기대하는 것도 그중 하나일 수 있지만 사회적·경제적으로 성공하기 위한 공부나 노동 등도 이에 포함된다.

다. 부모 세대뿐 아니다. 같은 세대라도 연애, 결혼, 출산 등을 한 이들이 안 한 이들에게 가진 대표적인 '편견'이다. '이기적'이라는 어휘 선택은 잘못되었다.

'이기적'이란, '자기 자신의 이익이나 만족만을 꾀하는 것'이다. 이기적인 사람의 태도는 대략 두 가지로 나타난다. 첫 번째는 자신이 원하고 바라는 것을 이루기 위해 자기 생각만 관철하려는 태도이고, 두 번째는 합당한 노력을 하지 않으면서 상대에게 받으려고만 하는 태도이다. 첫 번째 경우, '내가 원하는…'을 '우리가 원하는…'으로 바꿔야 한다는 개념이 없어 파트너를 소외시킨다. 자기는 파트너에게 맞추려 하지 않으면서 파트너가 자기에게 맞추기만을 요구한다. 처음부터 파트너에 대한 존중이 결여돼 있다. 두 번째 경우, 네가 나를 사랑하니 이 정도는 해주는 게 당연하다고 여긴다. '사랑은 아낌없이 주는 것'이라는 유언비어를 일방적으로 유리하게 이용하고, 파트너의 사랑을 마땅히 누려야 할 권리로 여긴다.

'사랑은 아낌없이 주는 것'이라는 유언비어는 사랑만큼은 손익관계에서 예외라는 허황된 믿음에서 비롯된다. 사랑은 아낌없이 주는 것이 아니라 분별 있게 주는 것이다. 가슴에 손을 얹고 생각해보라. 우리는 분명 사랑에서도 손익관계를 추구한다. 연인이나 부부는 시장에서 구할 수 없는 '친밀감'을 주고받기로 무언·불문의 계약을 맺은 관계이다. 이에 따라 친밀감을 더하는 말이나 행동은 이익을 더하고, 친밀감을 해치는 말이나 행동은 손해를 끼친다. 연인이나 부부가 손익관계라는 점을 분명하게 인식해야 친밀감을 훼손하는 실수나 잘못을 저질렀을 때, 인정하고 사과하고 보상하는 수순을 상식으로 여기고 자연스럽게 이행할 수 있다. 파트너가 친밀감을 더하는 말이나 행동을 했을 때 고마워하고 기뻐하고 포상하는 절차 역시 마찬가지다. 중요한 것은 '보상'이다. 구체적이고 실질적인 보상이 없는 사과는 진심이라고 보기 힘들며 손익관계를 결과적으로 마이너스로 만든다.

"미안해", "고마워" 같은 말을 하는 데는 별다른 수고가 들지 않는다(물론 그조차 하지 않거나 못하는 이들도 허다하다). 그러나 적어도 이기적이지 않다고 할 수 있으려면 파트너가 자신 때문에 입은 상처를 보상하고 싶은 마음, 파트너가 자신을 위해 한 수고에 포상하고 싶은 마음이 들어야 한다. 파트너의 마음을 헤아려 어떤 수고를 해야 마땅할지 반나절이라도 상상력을 발휘하며 고민할 수 있어야 한다. 참고로 시간과 돈이 있으면 누구라도 해줄 수 있는 거 말고, 그의 파트너인 나만이 해줄 수 있는 친밀하고 다정한 무언가가 좋을 것이다.

겉으로는 큰 결함이 없어 보이는데 자꾸만 관계를 잠식하는 이들이 있다. 본인은 짐작하지 못했고 또 아니라고 우길, '이기심'이 결정적이다. 가족이나 친구, 동료한테는 이기적이라는 말을 한 번도 들어본 적 없는 이들도 많으리라. 그러나 정작 파트너에게는 태연하게 이기적이다. 연인이나 부부 사이에서 한쪽이 이기적일 때 다른 한쪽의 자존감은 마모되고 부식된다. 즉, 연애하거나 결혼해서 이기적인 태도나 행동을 보이면 반드시 문제를 일으키지만, 이기적이라서 결혼이나 연애를 하지 않으려 한다는 말은 성립할 수 없다. 대부분의 경우, 노고를 하려고도 않지만 받으려고도 않는 상태이기 때문이다. 이에 대해서는 '이기적'이라는 부정적인 평가의 말 대신 '자기본위', 혹은 '자기중심'이라는 중립적인 어휘를 쓰면 어떨까 싶다.

같은 내용을 두고 프로이트는 '자기애'라는 용어를 제시했는데 우리나라에서는 유독 '자기애'에 대한 부정적 인식이 강한 편이다.[✣] 그러나 병리적 자기애가 아니고서야 자기애는 정상이며 오히려 필요하다. 세상에는 자기를 사랑해서가 아니라 사랑하지 않아서 일어나는 비극이 훨씬 많다.

✣ 자기본위를 제외하고 '자기중심'과 '자기애'는 각각 정상적·병리적으로 구별되고 많은 사람이 자기중심이나 자기애를 부정적으로 인식하는 이유는 인지적 오류인 자기중심 편향, 병리적 자기애를 떠올려서다.

집단주의 문화에서는 부모와 학교, 직장, 국가 등이 개인보다 우선해야 한다는 권위가 강력하게 작동한다. 그 권위에 복종하는 것을 의무감으로 뿌리내리게 하려면 '자기' 같은 건 잡초로 취급해 일찌감치 제초제를 뿌려야 한다. 그렇게 했는데도 악착같이 자라는 잡초가 있으면 뿌리째 뽑아내 버려야 한다. 그런데 혹시 아는지. 잡초는 뽑히면서 몰래 씨앗을 땅에 떨어뜨린다. 아무리 잡초를 뽑아도 계속 자라는 이유다.

나는 잡초가 집단 속의 개인 같고, 한 사람 안의 자기를 대변하는 것 같다. 내가 나로서 자유롭고 싶은 갈망은 현실적으로 이룰 수 있느냐, 없느냐와 별개로 인간으로서 자연스러운 욕망이며 결코 박멸할 수 없다. 지금까지 '자기애', '자기본위', '자기중심', '자기실현' 등을 잡초라고 설파했다면 이제는 인정해줄 때가 되지 않았을까. 사실은 이미 막을 수 없는 흐름이기도 하다. 흐름은 막을 수 없고, 막고도 무사한 사례는 인류 역사에 없다. 그나마 권위나 권력을 가진 세대가 해야 할 일은 잘 흐를 수 있도록 길목을 터주는 것이리라. 내가 나로서 자유롭게 살고 싶은 갈망을 '이기적'이라고 비난하지 말자.

36

자기본위로 살기 위해 가장 필요한 것

#자기중심의 사랑

'자기본위自己本位'는 자신의 감정이나 이해관계를 기준으로 생각하고 행동한다는 뜻이고, '자기중심自己中心'은 자기의 일을 먼저 생각하고 더 중요하게 여긴다는 뜻이다. 국어사전의 뜻풀이만 놓고 보면 '이기심利己心'과 별 차이가 없어 보인다. 사전에서 이기심은 '자기 자신의 이익만을 꾀하는 마음'이다. '만'이라는 차이가 있다. 이 사소한 차이가 삶에 어떠한 변화를 일으킬지 비행기 안에 구비된 산소마스크를 예로 들어 설명할 수 있다.

이륙 전 안전 수칙을 안내할 때 비상시 산소마스크를 착용하는 법과 관련해 이런 문구가 나온다. "마스크가 자동으로 내려오면 다른 사람을 도와주기 전에 먼저 당신의 마스크를 착용하십시오." 그 이유는 노약자나 어린이에게 먼저 마스크를 씌우려다가 정신을 잃어 둘 다 위험해질 수 있기 때문이다. 자기본위나 자기중심도 다르지 않다. 다른 사람은 돌보지 않는다는 뜻이 아니라 내가 나를 알고 돌볼 때 다른 사람을 알고 돌볼 수 있다는 의미를 지닌다.

삶의 태도가 자기본위로 명확한 사람은 자기를 돌보고 책임지는 일에 비교적 능숙해서 타인을 대할 때 여유와 배려가 있다. 스스로 장단점을 잘 파악하고 있어서 타인의 마음을 상하게 할 수 있는 말이나 행동을 절제하고 조심한다. 또 중심을 자기에게 두었기 때문에 타인이 어떻게 나오느냐에 따라 상대적으로 일희일비하지 않는다. 참으로 부러운 자기를 가진 사람이다. 그러나 태생이 아니다. 그런 자기를 갖기 위해 힘겹게 투쟁한 사람이다.

태어나고 자라고 살아가는 곳에서 거대한 기계의 톱니바퀴처럼 서로 맞물려 분주하게 돌아가면 자기본위는 고사하고 자기를 알 틈도 없다. 그럴 틈이 생겨도 행여 톱니바퀴가 맞물리지 않아 기계 작동에 이상을 초래할까 봐 지레 겁을 먹는다. 기계의 소유주가 가장 다루기 쉬운, 책임감이 강한 인간 유형이 되어간다. 자부심도 덩달아 올라간다. 그러다 누구에게라도 어김없이 당도하는 그 시기에, 자기본위로 살려 해도 '자기'가 텅 비었다는 사실을 깨닫는다. 배고파서 열어본 밥통에 밥 한 톨 남아 있지 않은 거나 비슷하다. 자기가 텅 비면 자기에게 더운 밥 한 그릇 지어 먹이지 못한다. 어떻게 생각하고 행동해야 자기를 돌볼 수 있는지 알지 못하고, 문제가 발생했을 때 자신의 해결 능력을 믿지 못해서 인터넷에 접속한다. 선택이나 평가의 기준이 내부가 아닌 외부에 있어서 남들이 좋다고 하면 좋은 줄 알고, 나쁘다고 하면 나쁜 줄 안다. 나도 누구처럼 자존감 높은 사람이 되고 싶은데 내 안엔 중심에서 벗어나 방황하는, 산산조각 난 자기들밖에 없다.

그래서 이렇게 묻고 싶은 것이다. "도대체 자기란 뭘까?" 결론부터 말하면 정신승리나 마음 수련으로 알 수 있는 게 아니다. 혼자 할 수 있는 게 아니기 때문이다.

극단적인 설정이기는 하지만 만약 무인도에 평생 혼자 산다면 과연 '자기'라는 인식을 가질 수 있을까? 어쩌다 파도에 밀려 떠내려온 유리병에 들어있는 편지에서 '자기'라는 글자와 풀이를 보고 가져보고 싶다 한들 혼자 힘으로 가능할까? 취향은 가능할지 모른다. '자기'는 불가능하다. "진실로 '나'는 '너'와의 직접적인 관계를 매개로 해서만 버젓한 '나'가 된다. 내가 '나'가 됨에 따라 나는 너를 '너'라고 부르게 된다. 온갖 참

된 삶은 만남이다"[✣]

'나'는 '남이 아닌 자기 자신'이라는 뜻을 갖는다. 나와 남은 반대 개념이 아니다. 서로가 존재해야 존재할 수 있다. 사람은 관계와 갈등을 통해 남을 자각하면서 남과 구별되는 나를 자각하고, 나를 자각했을 때 나와 구별되는 남을 자각한다. 나와 남이 어떻게 다른지 호기심을 가지면서 타인과의 경계를 인지하고, 해제하고, 무장하고, 다시 인지하고, 해제하는 과정을 수 없이 반복한다. 그렇게 자기를 알아가고 새롭게 만들어간다.

참으로 아이러니하다. 자기가 우선이고 중심인 삶을 살고 싶은데 정작 우선하는 조건이 남과 '직접적인 관계'를 맺어야 한다는 사실이. 여기서 직접적인 관계란 '나-그것'의 관계가 대부분인 세상에서 존재 전체를 바쳐서만 말할 수 있는 '나-너'의 관계이다. 바로, '사랑'이다. '자기'를 알게 해주는 사랑조차 거부하면서 자기본위, 자기중심의 삶을 살고자 한다는 말은 성립할 수 없다.

"사랑 그 자체는 존재하지 않는다. 항상 누군가에 대한 사랑, 또는 무엇인가에 대한 사랑만이 존재한다."

_소크라테스

✣ 마르틴 부버, 『나와 너』, p29, 대한기독교서회

40

내가 나에게 줄 수 있는 최고의 선물

#앞으로 살아갈 날들의 마스터 키

자기본위를 갈망하게 만드는 원천은 '나로서 살고 싶다'는 생명력이다. '나는 누구인가?'라는 질문을 자의식과 연관 짓기 쉬운데 현대인은 이미 자의식 과잉에 시달리는 상태이다. 갖가지 자의식을 내려놓고 머리가 아닌, 가슴에 묻는 결단을 내려야 한다. "그 누구의 시선도 의식하지 말고 솔직하게, 또 솔직하게, 어떻게 살고 싶은가?" 즉시 떠오르는 답이 있다면 지워라. 자의식이 손 번쩍 들고 소리치는, 세뇌와 주입에서 나온 답일 가능성이 크다. 내 것이 아니다. "잘 모르겠다"고 한다면 솔직하지만 그 또한 내 것이 아니다. "나한텐 그런 거 없다"고 한다면 자기를 몰라도 너무 몰라서 나오는 속임수다. 역시 내 것이 아니다. 인간은 모두 본능적이라고 할 만치 자기실현을 갈구한다. 그러나 자기인식 없이 자기실현은 불가능하다.

얼어붙은 땅을 곡괭이로 파듯 몇 달이고, 몇 년이고 끈질기게 답을 구하면 어떠한 상像이 떠오르는데 그것이 '나다운 모습'이다. '나다운 모습'을 현재로 제한하지 말자. 우리가 현재라고 하는 것은 이미 과거이다. 미래에서 찾자. 이렇게 찾는 동안 '메타인지'✣ 능력이 서서히 갖춰질 것이다. 어떻게 살아야 할지 방향을 '선택'할 수 있다. 또한 '결정'할 수 있다.

이러한 권리가 자신에게 있다고 믿는 사람의 태도는 다음과 같다. 아직은 구체적으로 어떻게 해야 나로서 살 수 있는지 알지 못해도 바람이 나를 흔들어댈지언정 타인이 제멋대로 나를 흔들어대게 묵인하지 않겠다. 가만두지 않겠다. 전부를 걸고 투쟁하겠다. 어떤 경우에도 내 삶의 주도권을 외부에 넘기지 않겠다(이 말은 자연스럽게 순항한다는 말과 결코 배치되지 않는다). 이에 따라 선택하고 결정하며 결과 또한 책임진다.

가끔은 남한테 업혀 가고 싶고, 넝쿨째 굴러 들어오는 호박도 있었으면 싶은 것이 솔직한 심정이다. 삶은 그런 희망을 아

✣ 자신의 인지적 활동에 대한 지식과 조절을 뜻하는 용어로, 스스로 모르는 것이 무엇인지를 알아가고 보완하기 위한 계획을 세우고 실행하는 모든 과정이다.

주 가뿐히 배반한다. 운명의 여신이 있다면 마치 "늘 희망을 잃지 마라. 그런데 잊지 마라. 내가 희망을 이루어주겠다고 약속한 적은 한 번도 없단다" 하는 것처럼. 머리로는 알아도 가슴으로는 거부하고 싶은 진실, 내 삶은 오로지 나에게 달려 있다는 것. 이 진실이 놀랍게도, 켜켜이 묵은 원망과 시기, 질투에서 나를 해방시킨다. 내가 나에게 줄 수 있는 최고의 선물인 '자유'다.

산에 가로막히고 물에 빠지고 눈보라를 맞는 우여곡절을 겪더라도 직접 경험해서 스스로 깨친 것만이 진짜 내 것이다. 실패했을 때야말로 가장 크게 성장한다. 한심해서든 불쌍해서든 원망해서든 어떤 이유에서라도 자기 자신을 파고들기 때문이다. 사람들은 자기가 산에 가로막히고 물에 빠지고 눈보라를 맞은 일을 경험이라고 생각한다. 그것은 그저 발생한 일일 뿐이다. 경험이란 발생한 일에 어떠한 선택과 결정을 내렸고 어떤 깨달음을 얻었느냐 하는 것이다. 진정성은 가슴이나 머리가 아니라 행동에 달려있다. 행동과 깨우침이 차곡차곡 쌓여야 스스로를 존중하고 믿을 수 있다. 이것이 자존감과 자신감을 기르는 비결이다. 마침내 지닌다면 앞으로 살아갈 날들의 마스터키를 쥔 것이나 다름없다.

같은 자기애라도 유아기적 자기애착이나 이기주의, 나르시시즘과 확연히 다른 점이기도 하다. 그러는 동안 숱하게 이러한 질문을 받을 것이다.

쉬운 길을 놔두고 왜 굳이 어렵고 힘들게 살지? 무엇을 위해서 그러는 거지? 그냥 대충 즐겁게 살아.

그들은 모르는 것이다. 대충 사는 즐거움보다 내가 나로서 사는 즐거움이 훨씬 크다는 사실을. 그런 즐거움을 체험하지 않은 사람들이 하는 말을 믿지 마라. 그들의 말은 시도 때도 없이 밟아대는 브레이크와 같다.

내가 나로서 살고 싶은 이유는 영혼이 어깨춤을 추며 이렇게 말하는 소리를 듣고 싶어서이다.

"그냥 살고 있는 것만으로도 좋지."✣

내가 너를 사랑하는 이유가 사랑하기 위해서인 것처럼, 내가 나로서 살기 위한 이유는 살아있기 위해서이다. 살아있음에 기뻐하고 감사하기 위해서이다. 그러니 사랑이란 다른 말로, 네가 너로서 성장하고 살아가는 과정을 기뻐하는 것이다. 너의 영혼이 "그냥 살고 있는 것만으로도 좋지"✣ 하며 환한 빛을 밝히는 모습을 보고 반하는 것이다. 내가 나로서 산다는 것의 즐거움을 알지 못하고, 네가 너로서 살지 않는다면 찾아

✣ 모리미 토미히코, 『밤은 짧아, 걸어 아가씨야』, p81, 작가정신

오지 않을 사랑이다.

나는 그 후에 맞이하는 피·땀·눈물을 햇빛 찬란한 오후의 비누 거품 놀이처럼 즐기고 싶다. 아름답지만 덧없이 터트려지는 거라고, 세상의 흔한 눈으로 흘기지 말기를…. 우리를 살게 하는 것은 한 방의 커다란 성취가 아니라 찰나의 즐거움들이다. 우리는 매일 비누 거품을 불어야 한다. 입술 끝에 집중해 공기 중에 투명하게 부풀리는 순간의 환희, 시간과 바람이 합작해 터트리는 순간의 탄식, 그 후의 적막함까지 다 즐기자. 살아있으니 느낄 수 있지 않은가. 열심히 불었는데 다 터져버렸다고 안타까워하지 말자. 오늘처럼, 내일 또 불면 된다. 설령 내일이 오지 않는다 해도 오늘, 신나게 불었으니 그걸로 되었다. 즐거움만큼은 질보다 양을 챙기는 것이 옳다. 그렇게 나를 축복하고, 타인을 축복하는 방법을 아는 바탕에 '나다움'이 있다.

사랑은 자기본위의 삶을 포기하라고 강요하지 않는다. 그런데도 사랑을 위해 자기본위의 삶을 포기한다면 자신을 속이는 것이다. 자기본위의 삶을 위해 사랑을 포기하는 것도 어리석다. 그가 부여잡은 '자기'에 알맹이가 없다. 사랑이 햇빛 찬란한 오후의 비누 거품처럼 가벼울 수는 없지만 심장에 돌덩이를 박은 것처럼 무거워 차라리 뽑아내 버리고 싶다면 당신 잘못이 아니다. 무언가 관계의 불순함을 감지했기 때문이다. 그 불순함의 정체를 '당연하다'로 넘기고 말 일은, 결코 아니다.

우리, 다른 무엇이 되려 하지 말자. 나는 내가 되고, 너는 네가 되고, 그런데도 함께할 수 있는 바로 지금, 인생의 신비와 감동이 있다.

46

우리, 같이 살자

내가 너를 사랑한다는 것은
이 세상 수많은 사람 중에서
내가 너만을 발견했고
내가 너에게 나를 드러냈고
너를 너의 세계에서
사랑의 세계로 끌어들이고 싶다는 것.
내가 너를 발견했듯 아직 내가 모르는 사랑을 발견하고
너에게 나를 드러냈듯 아직 내게 드러나지 않은 사랑이 드러나고
그 사랑에 우리 둘이 같이 녹아

47

나는 나인 동시에 너이고

너는 너인 동시에 나이게 만들어 보자는 것.

그리고 이 말은 나의 모든 존재를 걸고 하는 말이라는 것.

그러니 우리 같이 살자.

부디, 살자.

4 8

사랑의 낡은 정의를 부정하라

#사랑의 신성화에 관하여

신이 몰락한 이후에 그 자리를 대치하고 있는 것은 '사랑'이다. 누군가는 '돈'이라고 할지 모르나 돈에는 이러한 미덕이 없다.

"사랑은 오래 참고 사랑은 온유하며 시기하지 아니하며 사랑은 자랑하지 아니하며 교만하지 아니하며 무례히 행하지 아니하며 자기의 유익을 구하지 아니하며 성내지 아니하며 악한 것을 생각하지 아니하며 불의를 기뻐하지 아니하며 진리와 함께 기뻐하고 모든 것을 참으며 모든 것을 믿으며 모든 것을 바라며 모든 것을 견디느니라(『고린도전서』 13장 4절~7절)."

성서에서 말하는 사랑을 이행했을 때 보답으로 약속받는

것은 구원이며 천국이다. 기독교만의 특성이라고 보기 어렵다. 어금지금하게 불교에 자비가 있고 유교에 인이 있다. 사랑이든, 자비든, 인이든 충실히 행한다면 스스로 부끄럽지 않은 삶을 살 수 있다. 모두가 이러한 삶을 산다면 세상은 절로 평화로울 것이니 그 사랑은 이데올로기와 비슷한 면이 없지 않다. 그러나 그 사랑이 이 사랑은 아니다.

"사랑이란 인간의 본질적 감정이므로 시대에 관계없이 그 의미가 한결같을 거라고 생각하는 것은 인간을 광물이나 동식물처럼 취급하는 태도다. 사랑조차도 역사의 산물이기 때문이다."✣

기원전 55년 경 『고린도 전·후서』를 기록한 성 바울은 생물학적 사랑에 관심이 없었다. 그에게 생물학적 사랑이란 '정욕'에 다름 아니었고, 앞선 구절보다 먼저 쓰인 고린도전서 7장에는 이런 구절이 나올 정도다.

"내가 결혼하지 아니한 자들과 과부들에게 이르노니 나와 같이 그냥 지내는 것이 좋으니라. 만일 절제할 수 없거든 결혼하라. 정욕이 불같이 타는 것보다 결혼하는 것이 나으니라(『고린도전서』 7장 8~9절)."

✣ 호세 오르테가 이 가세트, 『사랑에 관한 연구』, p78, 풀빛

여성은 남성이 설정한 정욕의 대상일 뿐, 사랑의 대상이 아니었다. 신이나 지혜가 대상이었고[✣✣], 구원 받기 위해, 현자가 되기 위해 갖추어야 할 덕목이었다.

더 이상 신의 시대에 살지 않으면서 그 시대의 사랑을 주입한다. 사랑은 아낌없이 주는 것이다, 사랑은 그를 위해 존재하는 것이다, 사랑하면 다 이해할 수 있다, 사랑은 변하지 않고 영원하다, 사랑하면 행복하다, 사랑은 완전하다 등등. 모조리 부정해도 된다. 싹 다 지워도 된다. 아니, 부정해라. '그때는 맞고, 지금은 틀리다'고 할 수 있는 수많은 것 중에 사랑이 있다.

사랑도 다른 문명과 마찬가지로 시대마다 생성과 소멸을 거치고 변화한다. 그에 대한 정의는 고정불변의 진리가 아니다. 세상의 모든 '당연하다'에는 억압을 유발할 소지가 다분하다. 자연스럽게 '당연하다'가 된 게 아니라 인위적으로 '당연하다'로 만들어 가책을 느끼게 하는 방식으로 사회구성원을 길들이기 때문이다.

자신이 파트너에게 그렇게 못 해주거나 안 되는 것을 두고,

✣✣ 플라톤과 소크라테스의 시대에는 동성인 '남성'이 사랑의 대상이었다. 이를 '동성애의 탐닉' 등으로 여기는 것은 현대인의 편협한 시각이다. 여성을 같은 인격체라고 전혀 생각조차 못하게 만든, 그래서 지혜를 함께 나누고 토론할 수 없다고 여긴, 당시의 풍조와 관련이 깊다.

인격이나 자질에 결함이 있는가 하고 자책하지 않아도 된다. 또한 파트너가 자신에게 그렇게 해주지 않는 것을 두고, 나를 사랑하지 않는 게 아닌가 하고 의심하지 않아도 된다. 앞서 열거한 사랑에 대한 정의를 믿을수록 누구를 만나도 만족스럽지 못하고, 사랑을 회의적으로 여길 가능성이 크다. 사랑하기에 실패할 가능성이 높다. "사랑이 이럴 리가 없어. 배웠잖아. 사랑하면 다 주고 싶고, 사랑하면 행복하고, 사랑이야말로 가장 완전한 것이라고. 그런데 우리는 아니야. 아무래도 사랑이 아닌가 봐" 하면서.

더 이상 사람의 사랑에 신을 향한 이데올로기를 적용하지 말자. 사랑을 신성화하면 희생을 강요하거나 강요당하기 쉬운 상태가 된다. 강요하는 이들은 자신의 감정과 시간, 물질 등을 사랑과 교환하려 든다. 그것을 대가로 상대의 감정과 몸, 시간이 나의 것이라고 오인한다. 그러는 이유가 '너를 사랑하기 때문에'라고 신성화하며 사랑을 제조하려 한다. 실상은 '안착'하고 싶은 욕구에 다름 아니다.

"베르테르는 안착하고 싶어 한다."[✣]

롤랑 바르트는 이탈리아어 '시스테마토sistemato'에서 '안착'

✣ 롤랑 바르트, 『사랑의 단상』, p75, 동문선

이라는 개념을 빌려왔다. '시스테마토'는 '시스템 안에 안착한 사람'을 가리킨다. 1970년대 도입된 이탈리아 노동법은 15명 이상 고용한 기업주는 정당한 사유 없이 근로자를 해고할 수 없다는 '평생 고용'을 근간으로 하고 있다.✣ 여기에서 나온 용어가 '시스테마토sistemato', 우리 식으로 '철밥통'쯤이 되겠다. 롤랑 바르트는 로테를 사랑하는 베르테르처럼 누군가를 사랑하면 상대를 둘러싼 시스템 안으로 들어가고 싶어 한다고 말한다. 시스테마토처럼 '평생 고용'이기를 바라는데 실체는 이러하다.

"안착하고자 하는 것은 평생 동안 온순하게 내 말을 들어줄 사람을 얻고자 함이다. 받침대로서의 구조는 욕망과는 분리된다. 내가 바라는 것은 단지 고급 창녀나 창부처럼 '부양받고자' 하는 것이다."✣✣

사랑하고 싶다 = 안착하고 싶다 = 부양받고 싶다

지금까지 이 세 가지를 '사랑'에 따르는 필수 옵션으로 알았다. 사랑을 둘러싼 신성을 깨뜨리면 현실이 보인다. 사랑해

✣ 이탈리아 노동법은 2012년 개정되면서 평생 고용이라는 시스템을 없앴다.

✣✣ 롤랑 바르트, 『사랑의 단상』, p79, 동문선

서… 과연 안착할 수 있는가? 사랑해서… 과연 부양할 수 있는가? 혹은 부양받을 수 있는가? 이 모든 것이 불가능하다 해도 사랑할 수 있는가?

어떤 답을 하느냐에 따라 '사랑이다', '사랑이 아니다'로 가름할 수 없다. 나는 다만 사랑에 앞서 이런 다짐을 하려 한다. "사회와 관습이 무의식에 새긴 교리를 버리라!"

"그래서 나는 연인들에게 '마음'의 형이상학을 조심스럽게 밀쳐두고 '피부'와 '말'로써 연애하라고 권하고 다니는 것이다. 그리고 피부와 말은 연한 것 중에서 또 연한 것들이니 부디 '연하게' 연애하라고 권하기도 하는 것. 극진함, 그것은 깊이의 속성이 아니다."✣

연인이 나에게 무사히 안착할 수 있도록 하고, 극진히 부양하는 것이 사랑의 깊이를 증명한다 할 수 없다.

✣ 김영민, 『사랑, 그 환상의 물매』, p43, 마음산책

54

낭만적인 사랑이라는 발명품

#로맨스의 기원

누군가 '운명적인 사랑'이라고 할 때, '운명'이 실재하는지 밝히는 수고는 불필요하다. '운명적'이라는, 일생을 통틀어 희귀하게 쓰일 어휘를 '사랑' 앞에 붙일 때 명백히 해두고 싶은 진실은 따로 있으므로. '반드시 그렇게 될 수밖에 없는', '열정적인 사랑'. 확신하는 이의 낯은 결핍을 채운 기쁨으로 빛이 난다.

운명적인 사랑에 빠진 이가 한 거라곤 아무것도 없다. 가만히 있었는데 '사랑'이 절로 굴러 들어와 그렇게 될 수밖에 없었고, 벗어나려고 해도 벗어날 수 없고, 열렬하게 불타오른다. 한없이 수동적인 사랑의 형태다. 이렇게도 불린다. '로맨틱한 사랑'. 다른 말로 '낭만적인 사랑'.

5 5

윌리엄 셰익스피어가 쓴 '첫눈에 사랑을 하는' 새드 엔딩 버전이 『로미오와 줄리엣』이라면 해피 엔딩 버전은 『한여름 밤의 꿈』이다. 공통의 요소는 운명의 농락이다. 첫눈에 사랑에 빠지는 것에는 당사자의 의지가 거의 개입되지 않는다. 이런 이유로 『로미오와 줄리엣』은 셰익스피어의 4대 비극에서 제외된다. 고대 그리스 이후로 비극의 기준은 운명이 아니라 순전히 인간이 자신의 선택과 의지로 자행한 일이 빚어낸 결과였다. 이후 중세에 운명적으로 빠지는 사랑을 특별히 분류해 '로망'이라 불렀고, 이는 '로맨스'의 어원이 된다. 우리말로 '낭만'이라 번역하는데 그 탄생이 다소 엉뚱하다.

'낭만'은 일본의 소설가 나쓰메 소세키가 영국 유학을 다녀오기 전까지 한국에도, 일본에도 없던 어휘다. 영문학 번역가로도 활동했던 소세키가 'romance(낭만주의)'를 번역하면서 발음이 비슷한 'ろうまん'이라고 음차했고, 이를 한국에서 번역하면서 발음이 비슷한 한자어 '浪漫'으로 음차했다. 뜻만 놓고 보면 '파도가 넘쳐흐른다'쯤으로 우리가 알고 있는 낭만에서 생뚱맞지만 영 맥락 없어 보이지 않는다. 로맨스라면 아무튼 뭐가 넘쳐도 넘쳐흐르지 않겠는가.

뭐가 넘쳐흐르는지 각 나라 국어사전이 알려준다. 우선 우리말 사전은 다음과 같이 풀이한다. '실현성이 적고 매우 정서적이며 이상적으로 사물을 파악하는 심리 상태, 또는 그런 심리 상태로 인한 감미로운 분위기'. 영어로 'romantic', 독일어로 'romantisch', 불어로 'romantique'라고 하는데 각각의 풀이가 다음과 같다. '환상이나 상상으로 실제적이 아닌 것', '사실적인 근거가 없는 것', '과장·거짓말·이상화된 방식으로 구애하려고 하는 것, 또는 그런 행동'. 뜻풀이만 놓고 보면 정신질환에 가까운 상태가 아닌가 싶다. 그도 그럴 것이 애초에 'romantic'은 인간의 상상력이 만든 발명품이었다. 어원은 고대제국 '로마Roma'이다.

지금의 프랑스, 이탈리아, 에스파냐 등지가 로마의 속주일 당시 로마어(라틴어)가 각 지역의 특성을 살리며 분화됐고 이들 언어를 'Romance'라 통칭했는데 '로마어(라틴어)의 방언'이라는 뜻이었다. 12세기 말경 유럽 문명사에 이전에 없던 발명품이 등장한다. 남성이 더 이상 신을 위해서가 아니라 여성을 위해 경배하고 무용담을 펼치는 이야기, '로망roman'의 등장이다. 처음에는 'Romance어語로 쓰인 소설'이라는 뜻이었다가 점차 특정 장르를 일컫는 고유명사가 되었다. 한국에서는 주로 '기사 문학'으로 번역된다. '로맨틱'은 바로 그 장르 소설 로망roman에 접미사 'tic'를 붙인 것으로 '로망스러운(?)'이라는 뜻이다. 정리하면 '로맨스다', '로맨틱하다' 등등의 소리는 중세의 판타지 문학 장르인 '로망'에 등장할 법한 주인공이나 이야기라는 뉘앙스를 갖는다.

『트리스탄과 이졸데』를 비롯해 12세기에 시작된 장르 소설 '로망'에는 어김없는 설정이 있다. 남주인공은 대부분 기사이고 여주인공은 귀족으로 신분이 남주인공보다 높다. 남성이 원하는 여성을 웬만하면 쉽게 손에 넣을 수 있었던 시대에 '로망'은 결코 합일할 수 없는 여성을 주인공으로 설정했다. 인류 역사상 여성에 대한 억압이 최고조에 다다랐던 중세였다는 사실을 기억하자. 그는 그녀를 고귀한 존재로 우러르며 할 수 있는 모든 노력을 기울이고 가진 전부를 바친다. 심지어 목숨마저도.

이렇듯 열정적인 사랑으로 불타오르는데 그녀를 대하는 태도는 매우 절제되어 있다. 이들의 사랑은 '정욕'과 거리가 멀다. 서양 문명에 여성을 숭고한 존재로 우러르며 정신적으로 사랑하는 이야기는 이전에 존재하지 않았다. 남성과 여성이 만나는 목적이 종족 번식인 줄만 알다가 로망에 이르러 남녀의 사랑도 신성할 수 있고 불멸할 수 있다는 인식이 '널리'[✣]

✣ 남자와 여자 사이에 운명적이고 낭만적인 느낌이나 그에 대한 이야기는 당연히 신화나 전설의 형태로 이전에도 있었다. 로망의 의의는 구체적으로 의미를 부여해 대중에게 '널리' 퍼트린 사실에 있다.

퍼진다. 필멸의 존재가 불멸의 무엇을 자체적으로 창조할 수 있다니, 획기적인 발명이었다. 19세기 말 프랑스 시인 아르튀르 랭보가 『지옥에서 보낸 한 철』에서 "사랑은 재발명되어야 한다"고 쓴 것은 바로 그 낭만적인 사랑이 산업혁명으로 종말을 맞았음을 감지하고 울린 조종弔鐘이 아니었을까.

무엇이든 대량생산이 가능한 시대에 태어나고 자란 우리로서는 산업혁명 즈음의 사람들이 맞닥뜨렸을 충격을 상상하기 힘들다. 장인들이 각자의 개성과 솜씨로 공을 들여 수작업으로 공예품을 제작했다. 그러던 것이 심미적 기능을 상실한 채 단순한 디자인으로 무한 복제됐고, 공장에서 시꺼먼 연기를 내뿜으며 대량생산되기 시작했다. 예민한 이들은 인간의 가치도 저 지경이 될지 모른다는 불길함을 느꼈으리라. 더구나 17세기 경배의 사랑을 거쳐 18세기 우아한 사랑을 계승한 낭만주의romance 시대를 몸소 겪은 이들이 아닌가. 사랑을 두고 어찌 우려하지 않았으랴. 사랑도 무한 복제하고 대량생산하려는 이들이 출몰하리라고.

59

가장 지독한 편견, 낭만과 열정

#판타지

'낭만적인 사랑'을 '발명'한 것이 왜 '중세'였을까. 근대에 접어든 17세기 초에 그 점을 희화화한 이가 있다. 에스파냐의 소설가 '미겔 데 세르반테스'이다. 기사 소설을 너무 많이 읽어 머릿속이 푸석푸석해지는가 싶더니 결국은 이성을 잃어버린 시골 귀족 '키하다'가 투구를 손질하고, 바싹 야윈 말에 '로시난테'라는 이름을 붙인다. 여드레를 고민한 끝에 자기 이름도 새로 짓는다. '돈키호테 데 라만차'.

한 가지가 부족했으니 사모하는 여인이었다. 마을 근처에 살고 있는 처녀 농부 '알돈사 로렌소'가 적임자라 여기고(정작 로렌소에게는 의사를 묻지도 않고) 공주나 귀부인에게 어울리는 이름을 고심한다. 찾아낸 이름이 '둘시네아 델 토보소', 이렇게 둘시네아가 된 로렌소는 돈 키호테의 존재조차 알지 못했다. 편력 기사[✣]를 자처하고 길을 떠난 돈 키호테는 가는 곳마다 둘시네아의 아름다움과 가문의 명성을 찬미하며 자신이 얼마나 깊이 그녀를 사랑하는지 줄줄이 읊어댄다. 그렇게까지 한 이유가 정말로 정신이 나가서였을까. 아니다. 진정한 기사가 되기 위해서였다.

"연인이 없는 편력 기사는 있을 수 없습니다. 저 하늘에 별이 있듯이 편력 기사들이 사랑에 빠지는 것은 너무나도 당연한 이치니까요. 확신하건대 사랑에 빠지지 않은 편력 기사 이야기는 지금껏 본 적이 없습니다. 만일 연인이 없는 편력 기사가 있다면 정통성을 지닌 편력 기사가 아니라 기사도라는 요새 속으로 들어오되 정문이 아닌 도둑처럼 담을 넘어 들어온 사이비 기사일 것입니다."[✣✣]

기사가 되기 위해 사랑하는 여성이 필요했다. 이것이 서양 최초의 근대소설 『돈 키호테』를 쓴 작가가 바라본 로망의 실체이다. 로망의 궁극적인 목적은 '한 남성의 성장'에 있었다. 낭만적인 사랑 자체는 충족되기 불가능하다. 둘시네아는 실

✣ 어디에 소속되지 않고 여기저기 떠도는 기사라는 뜻이다.

✣✣ 미겔 데 세르반테스, 『돈 키호테』, p153, 시공사

재하지 않으니까. 그처럼 남성이 이상화한, 비인간적인 여성은 실재할 수 없으니까. 그런데 인간은 결코 닿을 수 없는 별빛을 바라볼 수 있을 때라야 성장할 수 있다.

"현실원칙에 의해 자꾸만 지연되는 쾌락원칙, 신기루가 없으면 사막을 걷지 못하듯 욕망의 지연이 없으면 인간은 살지 못한다. 여기서 삶을 지속시키는 게 잉여쾌락이다. 끝없이 투자를 가능케 하는 마르크스의 잉여가치설처럼 라캉의 잉여쾌락은 끝없이 대상을 추구하게 하는 삶의 동인이다."✢

실재하는 것 같아서 충족할 수 있을 것 같고, 그러나 실재하지 않기에 충족할 수 없고. 욕망과 결핍이 진자의 추처럼 오갈 수 있어야 더욱 간절하게 꿈꾸며 전진할 수 있다. 기사의 길도, 사랑도.

반복되는 진자 운동은 구름처럼 모호했던 욕망에 물성을 둘러준다. "따라서 그의 사랑은 시적이고 상상력이 풍부한 형식을 취하게 되고, 자연히 상징성으로 가득 차게 된다. 이런 태도는 문학에 막대한 영향을 미쳤다."✢✢ 대표작이 이탈리아의 작가 단테 알리기에리가 1320년에 완성한 대서사시 『신곡』이다. 세상에서 가장 유명한 여성 중 하나인 '베아트리체'가 등장한다. 베아트리체는 단순히 단테가 사랑한 여성이 아

✢ 권택영, 『영화와 소설 속의 욕망이론』, p20, 민음사

✢✢ 버트런드 러셀, 『결혼과 도덕』, p64, 사회평론

니다. 죽었기에 결코 합일할 수 없는 존재가 되더니 지옥과 연옥의 순례를 마친 단테를 마침내 낙원(천국)으로 이끈다.

낭만적인 사랑은 한 남성이 진정한 기사로 거듭나기 위해 필수적으로 거쳐야 할 관문으로 기사도 정신의 바탕이 된다. 실제로 중세에 기사들은 자신이 사랑하는 여성뿐 아니라 모든 여성을 엄격한 예의에 따라 대우했고, 이러한 기사도는 사실주의와 고전주의 시대에 잠시 묻혔다가 19세기 낭만주의 시대에 '젠틀맨'으로 부활한다.

그러나 기사도나 젠틀맨에는 근본적인 결함이 있다. 여성의 종속화를 전제로 하고 있고, 남성의 명예를 가장 중시한 예의이기 때문이다. 영화 「킹스맨」의 명대사로 유명해진 서양 격언 'Manners maketh man(매너가 남자를 만든다)', 배경을 알면 그 뜻이 정확히 보인다. 매너는 남성의 성장에 필수 조건이었다.

오늘날에는 기사도나 젠틀맨의 낭만적인 사랑을 가차 없이 비판하는 이도 있다. "현대인의 눈으로 볼 때 음유시인들의 숙녀 숭배는, 괴테의 기묘한 표현을 빌리자면 '영원의 여성' 앞에 무릎 꿇으려 하는, 마치 복종을 위한 자신의 시련을 영원히 끝나지 않게 하려는 듯한 남자들의 열망에서 생겨나는 피학적 판타지를 표출하는 것처럼 보이기도 한다[✣]", "이상화된 숙녀는 (대다수 우상들처럼) 숭배자들이 그녀의 진정한 본성을 부정하면서, 아울러 자신의 피학적 제의 속에서 그 숭배 대상인 숙녀를 결국 그저 허수아비로 만들어 남성 지배를 유지하면서 자신의 나르시시즘을 만족시키기 위해 지어낸 존재다."✣✣ 사이먼 메이의 주장은 남성은 욕망하는 것이 당연하고, 여성은 그 욕망의 대상이 되는 것이 당연하다는 오랜 통념을 신랄하게 비판한다.

욕망하고 유혹하는 것은 사랑을 할 때 가장 설레고 멋진 과정이다. 문제는 성별을 떠나 자신을 '욕망의 대상'으로 설정할 때 생긴다. 욕망의 대상이 되어야 하므로 유혹적으로 보이고 싶을 것이다. 이런 상태에서는 있는 그대로 보여준다거나 진실로 원하는 것을 솔직하게 털어놓기 힘들다.

반대로 자신을 '욕망의 주체'로 여기는 사랑에는 '상대'가 없고, '나'와 '사랑에 빠진 나'만 있다. 내가 사랑에 빠진 나를 보며 뿌듯해하고 황홀해한다. 자아도취적 사랑이다. 사랑을 폭포수처럼 퍼부어대며 다가가지만 그 사랑은 "네가 원하는 건 다 줄게. 내 마음과 미래만 빼고"이다. 상대가 '사랑에 빠진 나'라는 흥을 깨면 가차 없이 뒷걸음질 친다.

✣ 사이먼 메이, 『사랑의 탄생』, p239, 문학동네

✣✣ 사이먼 메이, 『사랑의 탄생』, p239, 문학동네

'낭만적인 사랑'이라는 중세의 발명품은 종교와 전쟁이 억압한 개인의 감성과 열정을 대리만족시켜주었다. 무엇보다 사랑을 통해 인간이 성장하고 고귀해질 수 있다는 믿음을 널리 퍼트리는데 크게 기여했다. 동시에 사랑에 관해 가장 지독한 편견을 만들어냈다. 남성에게는 자신의 자질을 입증하며 사랑을 쟁취하려는 욕망이 있고, 그걸 이루어내야 뛰어난 남성이라는 평가를 받을 수 있다는 편견. 여성에게는 노력하지 않으면서 확실한 사랑을 얻고 싶은 욕망이 있고, 그렇게 사랑을 받을 수 있어야 뛰어난 여성이라는 편견. 그러나 정말로 괜찮은 남성은 사랑을 쟁취해야 하는 것으로 바라보지 않고, 또 정말로 괜찮은 여성은 노력하지 않고도 사랑을 얻을 수 있다고 생각하지 않는다. 앞선 편견에는 과도한 '낭만'과 '열정'의 잣대가 들려 있다. '판타지'라고 해도 무방하겠다.

'로망'은 남녀주인공을 이루어질 수 없는 사랑 앞에 장렬하게 전사시킴으로써 낭만적 사랑의 극치를 보여주고 곧장 끝을 맺는다. '낭만'과 '열정'으로 인한 피로를 느낄 새도 없이 말이다. 그들 낭만적인 커플에게는 사랑에서 가장 중요한 조건인 '일상의 축적'이 원천적으로 차단돼 있었다.

낭만과 열정이라는 달콤한 술잔을 한 번에 털어 마시지 않고 조금씩 나누어 마시며 일상의 축적을 이루어가면 얼마나 좋으랴. 그런데, 욕망을 의도적으로 지연시킬 수 있는 노숙한 젊은 연인들이 과연 얼마나 존재할까. 설마 전혀 없지는 않겠지만….

66

죄의 탄생

지나던 사람이,
내 생의 거리를 단지 스쳐갈 뿐인 사람들이 참견했다.
혼자라서 얼마나 외로울까?
심심할 거야,
혼자 먹는 밥은 맛도 없어,
무슨 재미로 살아?

외로움과 심심함, 맛과 재미를 한 방에
해결해줄 비결이 그렇게 단순할 리 없잖은가.
나는 설득 대신 진심 없는 긍정으로 맞선다.

그러게요. 그런가 봐요.
그래도 외글자들은 다 좋지 않나요?

낮, 밤, 달, 별, 비, 눈, 빛, 볕,
벼, 밥, 물, 뼈, 살, 삶, 쌀, 흙, 돌, 섬, 강,
글, 말, 길, 그리고 또… 나, 너.

내 말을 들은 이들 중 누군가 응수했다.
웃기지 마, 외글자들이 '다' 좋다고?
혼자가 좋다고?
그렇다면,
죄는?
.
.
.
죄는?

그런 거였구나.
내가 지금까지 지은 죄의 대부분은,
혼자이고 싶지 않은 욕망이 낳은 것들.
혼자일 수 없어서

혼자이고 싶지 않아서 저지른 죄들이
나를 빤히 쳐다보고 있었다.

결국 이런 거였구나.
혼자이고 싶은 나와
혼자이고 싶지 않은 내가
이렇게 늘 붙어있었구나.

서로를 어쩔 줄 몰라 하면서.

69

사랑하는 방식은 존재의 방식을 뛰어넘기 힘들다

#나를 얼마나 사랑해?

기쁨의 절정에서 그만 터져버리는 눈물처럼, 사랑하면 불안하다. 사랑하니까 불안하다. 기쁨을 지속하고픈 갈망에서. 그러나 내 의지만으로 가능하지 않기에. 수없이 묻는다. (스스로에게) '나를 얼마나 사랑할까?', (상대에게) "나를 얼마나 사랑해?" 이러한 질문은 다음과 같은 함의를 갖는다.

"다른 사람보다 나를 특별히 사랑해?"

"내가 너를 사랑하는 것보다 네가 나를 더 많이 사랑해?"

"나를 계속 사랑해줄 수 있어?"

"나를 위해 무엇까지 해줄 수 있어?"

'얼마나'가 '얼마큼'인지 확인하고 싶어 낭만적인 말이나 헌신적인 행동이라는 잣대를 상대에게 들이대고 시험하려 든다.

우리가 사랑에서 '낭만'이나 '헌신'을 기대하는 이유는 사랑하는 사람에게만 받을 수 있고, 또 줄 수 있어서이다. 낭만이나 헌신에는 노고勞苦(힘들여 수고하고 애씀)가 따른다. 단순히 수고하고 애쓰는 것을 넘어 '힘들여' 수고하고 애써야 한다. 이런 노고를 사랑을 시험하는 잣대로 휘두르면 피로를 유발하지만, '나는 인정받고 있으며 아름답고 소중한 존재'라는 믿음을 가질 수 있게 해준다는 사실만큼은 분명하다. 그러나 낭만이나 열정의 순도가 사랑의 '얼마나'를 보여준다 할 수 없다.

하염없이 낭만적이고 열정적인 말이나 행동을 한다고 사랑하는 증거라 볼 수 없으며, 눈곱만큼도 하지 않는다고 사랑하지 않는 증거라고 할 수 없다. 저울대에 올려놓고 마까질을 하듯 '얼마나'를 재려 하면 상대에게 단점만 찾아낼 것이다. 설령 '얼마나'를 충족한다고 해도 단지 오늘의 기쁨일 뿐 결코 내일의 행복을 담보하지 못한다. 잃어버릴까 봐, 사라질까 봐, 더 갖지 못할까 봐 하는 두려움과 욕심이 생길 것이다. 없으면 없어서 불안하고, 있으면 있어서 불안하고…. 조건이 충족돼서 생기는 기쁨이나 즐거움은 행복이 아니다. 조건이 없어서 마음에 걸리는 것이 없고, 없어질 것도 없고, 두려울 것도 없는 평안함이야말로 진정한 행복이다.

71

사랑하면 저절로 낭만적이거나 열정적거나 헌신적이 된다는 믿음으로 연인의 사랑을 시험하지 마라. 그런 사람도 있지만 아닌 사람도 있다. 사람마다 사랑하는 방식이 다르다. 사랑하는 방식은 태어난 곳에서 어떻게 살아남아 현재에 이르렀는가 하는, 존재의 방식을 뛰어넘기가 좀처럼 힘들다(물론 위대한 사랑은 뛰어넘는다). 그래도 '친밀감'과 '다정함'만큼은 양보하고 싶지 않다. 친밀하지 않고 다정하지 않은 연인이라니, 매일 아침 출근길에 엘리베이터를 같이 타는 이웃 주민이나 뭐가 다를까.

72

사랑은 조율이 필요한 악기와 같다

#무엇을 바라는지 솔직하자

'사람', '사랑', '삶'.

내가 가장 좋아하는 이 글자 셋은 꼴만큼이나 속성도 닮았다. 저마다의 모서리와 귀퉁이를 가진 사람이 하늘처럼 둥근 사랑과 합쳐 삶이 된다. 사람과 사람의 만남이란 모서리가 부딪치거나 귀퉁이를 알아채는 일. 어쩌면 사랑이란, 둥근 빗자루로 귀퉁이에 쌓인 먼지를 살살 토닥토닥 천천히 털어내는 것일지도…. 그제야 먼지에 덮여있던, 정작 중요한 그것이 모습을 드러낸다.

사랑한다면 지금까지 살아온 내력이 어떻게 마음과 정신에 새겨있는지 알아보려 해야 한다. 한 번도 세상에 내보인 적 없을 그것을 조심스럽게 알아가고, 인정하고, 채워주는 일상을 축적해야 한다. 낭만과 열정을 소진하느라 정작 중요한 과정을 훌쩍 건너뛰고선 "네가 왜 그러는지 도대체 이해할 수가 없어" 같은 소리를 하거나 듣는 사건이 불시에 예상치 못한 공간에서(예를 들어 길바닥이라든지, 통화중이라든지) 벌어진다. 사랑한다면서 이해할 수 없다니. 사랑하면 다 이해할 수 있다는데 이젠 더 이상 사랑하지 않는다는 소린가? 하는 불길함이 빛의 속도로 심장을 때린다.

사실이 아니다. 우리는 누군가를 아무리 사랑해도 다 이해할 수 없다. 그저 용납하거나 용인할 수 있을 뿐이다(용납; [1]너그러운 마음으로 남의 말이나 행동을 받아들임 [2]어떤 물건이나 상황을 받아들임. 용인 ; 너그러운 마음으로 참고 용서하다). 이해한다고 생각한 것이 사실은 용납이나 용인에 지나지 않는 경우가 대부분이다. 물론 친밀함의 척도는 될 수 있다. '무조건'이라는 단서가 붙으면 억압이 된다. "도대체 이해할 수 없어!" 같은 생각이 들거나 나도 모르게 말로 튀어나온다면, 놀라지 말자. 이해하지 못하는 게 당연하고, 사랑이 변한 게 아니라 매혹된 연인들에서 본격적으로 사랑을 향해 함께 나아가야 할 동반자로 진화하는 중이다. 그런데 사랑은 어디에 있을까.

'나'한테 있거나 '그'한테 있는 게 아니라 '나'와 '그'의 사이에 있다. 사랑을 추상적인 감정이 아니라 공간이라고 상상해 보자. 그곳에 가고 싶다면 우선, 자신이 이 관계에서 무엇을 바라는지 솔직할 필요가 있다. 그처럼 상대는 무엇을 바라는지 귀 기울일 필요가 있다. 막상 이 과정을 실행에 옮기려면 좀 무섭다. '불길한 예감은 틀린 적이 없다'라는 말이 실현될까 봐 서로의 마음 상자를 열고 싶어도 열고 싶지 않은 딜레마에 처한다. 시간은 딜레마를 해결해주지 않는다. 가만히 있으면 얼마 뒤, 똑같은 상자가 내 앞에 도착한다. 즉, 해결하지 않으면 해결되지 않는다. 그래도 불길한 예감이라는 압박을 덜 수 있는 방법이 있다. 두 사람의 욕구가 깜짝 놀랄 만큼 다르더라도, 얼마든지 조율할 수 있다는 믿음이다.

사랑은 조율이 필요한 악기 같다. 전혀 조율하지 않고도 명징한 음을 낼 수 있는 악기는 세상에 없다. 금기 사항은 자신의 욕구를 그럴듯하게 포장하는 것이다. 연애를 하면 파트너에게 지금 있는 그대로의 나보다 잘 보이게 하고 싶다. 그러나 파트너는 지금 있는 그대로의 나보다 이미 잘 보고 있다. 여기에 더해 포장만 덧대면 나중에 감당하기 힘든 갈등의 소지가 된다. 조율한 줄 알았는데 미묘하게 음이 어긋난다. 애인이 '아는 줄 알았는데 모르는 사람'이 되고 만다.

또 오늘 성공적으로 조율했다고 영원하지 않다. 수시로 상태를 보아가며 새로 조율해야 한다. 이 과정을 혼자서 두 사람의 몫을 한다고 다다를 수 없다(이러한 이유로 짝사랑은 사랑이 아니다). 한두 번으로 통달할 수 있는 게 아니라서 일상으로 축적되어야 하는데, 역시나 연애 초창기에 최대 난관은 서로가 상대를 '나를 매혹시켰던 그대로의 모습'이라는 음에 맞추려 하는 데 있다고 하겠다.

후에 언급하겠지만 매혹되고 사랑에 빠지는 데는 그만한 근거가 있다. 그 근거는 상대가 아니라 전적으로 나에게서 나왔다. 사랑에는 상대에 대한 아무런 정보가 담겨 있지 않다. 사랑한다고 저절로 상대에 대해 알아지지 않는다. 오히려 상대에 대한 정보를 어긋나게 한다.

내가 너를 생각하는 지점에 네가 없고, 네가 나를 생각하는 지점에 내가 없다. 네가 나와 저절로 같기를 바라는 갈망은 사랑하기에 생겨난다. 사랑할수록 갈망은 커지고 그럴수록 사소하고 빈번하게 어긋날 것이다. 조각난 어긋남을 이어 붙여 한 장의 완성된 조각보처럼 박음질해줄 수 있는 것은 낭만이나 열정의 몫이 아니다. 충실한 일상의 축적으로만 가능하다. 괴테는 "인간이 사랑하지 않고서 이해할 수 있는 것은 아무것도 없다"고 했지만 나는 조선 후기 문장가 유한준이 남긴 글을 더욱 믿는다. "알면 곧 사랑하게 되고, 사랑하면 참으로 보게 된다."

질문을 바꾸면 일상의 축적이 시작된다. '그'가 아니라 '나'로. "그가 나를 얼마나 사랑할까?"가 아니라 "내가 그를 얼마나 사랑할까?"로. '나'를 목적어가 아니라 주어의 위치로 돌려놓자. 그가 나를 어떻게 생각하고 느낄지 예측하거나 분석하지 말고 내가 그를 어떻게 생각하고 느끼는지에 집중하자.

그의 머릿속이 아무리 궁금하다 해도 나로서 알 길이 없다. 설령 안다고 해도 내 의지로 움직이게 할 수 없고, 그러려 해서도 안 된다. 애먼 데 아까운 힘을 빼느니 그나마 내가 알 수 있고, 할 수 있는 나의 진심에 성실하자. 그러면 '얼마나'를 구상하는 동안 즐거움이 청량한 분수처럼 솟아오를 것이다. "내가 얼마나 사랑하는지 어떻게 보여줄까?" 하고. 이에 대한 답은 청량하게 솟구쳤다 부드러운 곡선을 그리며 부드러운 대지로 시원하게 낙하하는 분수처럼 현실에 닿아야 한다. 내 앞에 힘찬 심장과 뜨거운 피를 가진, 살아있는 네가 있다. 부디, 우리의 아무것도 아닌 것을 위하여!

77

우리 관계는 나와 너인가,
나와 그것인가

#상호이익의 관계

문명은 인간이 필요로 하는 것들을 직접 생산하는 것보다 안전하고 편리하며 쾌적하게 누릴 수 있는 방향으로 발전한다. 산업사회에서 대량생산되는 상품과 서비스는 분명 삶의 질을 크게 높였다. 현대인은 자신의 시간과 노동을 돈과 교환하고, 그 돈을 대량생산되는 상품이나 서비스와 교환한다. 그 가치는 시장이 결정하고 나는 그에 따를 수밖에 없다. 필요로 하는 것을 만족스러운 수준까지 누리고 싶다면 더 많은 시간과 노동을 투입해서 더 많은 돈과 교환해야 한다. 그 더 많은 돈을 가지고 더 많은 상품이나 서비스와 교환한다. 현대인이 처한 '의존적이며 가난한 삶'이다.

시장은 '사람이 필요를 표현하고 만족하게 하는 유용한 활동을 표준 상품과 서비스로 무한히 대체할 수 있다는 신념'✣을 숨기지 않고, 사람들은 시장에 열광하며 오늘보다 내일 더 상품과 서비스에 의존한다. 물질적인 허기뿐 아니라 정신적인 허기도 돈이 있으면 일정 수준 충족할 수 있다. 반세기 전 가족이나 공동체에게 구할 수 있던 것을 상품과 서비스에서 구하고 결과는, 썩 흡족하다. 심지어 가족이나 공동체에서 구하는 것보다 간편하다. 극단적으로 말해 '내가 필요를 표현하고 만족하게 하는 유용한 활동을 표준 상품과 서비스로 무한히 대체할 수 있다면' 가정을 비롯한 공동체가 구태여 필요치 않다.

이런 세상에서 누군가 '네가 필요해'라는 신호를 보낸다면 기꺼이 필요가 되어주기 전에 그가 가진 것과 내가 가진 것을 동등한 값어치로 교환할 수 있는지, 나아가 이익이 될 수 있을지 셈한다. 이익이 되지 않는다면 가치가 없다고 판단한다. 이러한 태도는 사상가 마르틴 부버의 주장을 빌리면 '나-너' 가 아니라 '나-그것'이다.

'나-너'가 관계라면 '나-그것'은 처리이다. 인간관계의 고충

✣ 이반 일리치, 『누가 나를 쓸모없게 만드는가』, p32, 느린걸음

이 대부분 '나-그것'에서 발생한다. 한 사람이 다른 사람을 '너'로 존중하지 않고 세상에 널린 '그것'이라는 물건이나 상황으로 취급하는 태도는 필연적으로 자기 인간성 상실로 이어진다. 인간에게 인간성이 상실되다니, 다른 말로 인간이 아니게 되어가고 있다는 소리나 다름없다.

그러다 어느 날, 누군가 나를 '그것'으로 '처리'해서 마음이 그만 클클한 날, 무언가를 타인에게 바란다는 사실을 깨닫는다. 화폐로 교환할 수 없고 상품이나 서비스로 대체할 수 없는, 그러면서도 사람에게 꼭 필요하고 만족스럽게 해주는 유용한 활동이 인간관계에 있을지 모른다는, 호기심을 갖는다. 그것이 설령 매일의 크고 작은 언박싱에 지쳐 생겨난 일시적인 느낌이라 해도 매우 유의미하다. 호기심은 기대를 부르고, 기대는 희망을 부르고, 희망은 언제나 걱정과 손을 잡고 같이 온다.

이 세상에는 사랑을 돈과 교환할 수 없다고 믿는 부류와 사랑을 돈과 교환할 수 있다고 여기는 부류가 동시에 살아간다. 양쪽 모두 연애를 한다. '가난이 대문으로 들어오면 사랑은 창문으로 도망간다'라는 서양 속담처럼 사랑도 돈과 떼어 놓을 수 없다는 당연한 얘기를 하려는 게 아니다. 그 두 부류의 연애 방식에 대해서이다. 사랑도 돈과 교환할 수 있다고 믿는 사람에게 애인은 돈만 있으면 충족할 수 있는 수많은 상품이나 서비스 중 하나다. 당장 필요하거나 맘에 드는 걸로 골라서 쓰다가 효용을 다하거나 싫증이 나면 버린다. 더 만족스러울 거 같은 상품이나 서비스가 나오면 갈아탄다. 상대나 관계에 고장이 나면 당연히 폐기 처분한다. 이들이 애인을 구매하는 기준은 '자기만족'이라고 착각하는 '시장의 욕망'이다. 타인이 강렬하게 욕망하는 것일수록 손에 넣었을 때의 쾌락이 크다. 그런데 사랑을 돈과 교환할 수 없다고 믿는 사람이라고 이러한 여파에서 자유로울 수 있을까.

한때 이런 상상을 하고는 했다. 내가 가진 유·무형의 것을 양 손바닥에 몽땅 올려놓고 사랑하는 이에게 말하는 거다. "내가 가진 전부야. 너한테 모두 줄게." 그러면 그는 어떤 표정을 지을까. "흠… 나한테 필요한 건 아무것도 없는데? 내가 가진 거랑 바꿀 수 있는 게 아무것도 없어." 하고 심드렁하면 나는 어떻게 해야 할까.

우리에게는 자기를 제외한 타인들이 사랑을 가성비나 가심비가 뛰어난 상품이나 서비스, 혹은 이득을 안겨줄 투자 상품으로 여길지 모른다는 두려움이 있다. 그래서 사랑을 받으려면 그에 합당한 조건을 갖추어야 한다고 생각한다. 이에 따라 사랑도 '일'이 된다. 조건을 충족시키고 관계를 유지하기 위해 많은 에너지를 소모한다. 한마디로 '피곤하다'. 실컷 사랑하고 난 뒤에 찾아오는 상쾌한 피로와 달리 '…을 위해'라는 목적을 이루려는 데서 생기는 피로는 습기 먹은 비스킷처럼 눅진하다. 먹은 것 없이 입안이 자금거린다. 집으로 돌아오는 길에 혹은 잠들기 전에 조금 슬프기도 하다. 그 슬픔의 정체가 무엇인지 엘리자베스 퀴블러 로스와 그의 제자인 데이비드 케슬러가 함께 쓴 『인생 수업』을 읽다가 깨달았다.

"그것은 우리가 비겁하게 길러졌기 때문입니다. 심하게 들릴지도 모르지만 그것이 사실입니다. 나는 이 '비겁하다'라는 말을 통해 어린 시절 우리가 어떻게 자신을 팔아서 다른 이들의 사랑을 얻고자 했는지 상징적으로 말하는 것입니다."✣

책에서는 자기 내면을 향한 분노의 뿌리가 어린 시절 비겁하게 길러졌기 때문이라는 내용과 관련한 글귀였지만 독서란 자기중심적일 수밖에 없어서 나는 다른 생각을 했다. 어린 시절에 부모가 나를 비겁하게 길렀다면 지금은 내가 나를 비겁하게 기르고 있다고. 자신의 욕구는 어떻게 충족해야 하는지 모르면서 타인을 기쁘게 해주고 싶어 한다고. 그 증거가 큰 소리로 분명하게 "아니!"라고 거절하지 못하는 것이다.

✣ 엘리자베스 퀴블러 로스·데이비드 케슬러, 『인생 수업』, p121, 이레

상대가 원하는 대로 해주지 못하면 버림받을지 모른다는 '불안'이라는 외줄에 오르느니 상대의 욕구를 충족시켜 주려는 '수고'를 감당한다. 착하게 보이고 싶은 '비겁한 사랑'이다.

상대가 나를 피곤하게 만드는 게 아니라 '자기까지 지워가면서' 사랑을 얻으려 하는 욕망이 나를 피곤하게 한다. 이러한 욕망은 '나는 왜 이렇게 밖에 안 될까' 하는 자책감이 자라기에 비옥한 토양이 된다. 사랑지상주의자들은 '교환의 법칙'이나 '상호이익 추구'에서 사랑만큼은 예외로 두고 싶어 하지만, 나는 사랑 역시 예외일 수 없다고 생각한다. 연인이야말로 상호이익을 추구하는 호혜적 관계이다.

예외적으로, 자기 전부와 일생을 판돈으로 걸고서라도 얻고 싶은 사람을 만나기도 한다. 이루어지면 내가 아닌 다른 사람이 될 수 있을 것 같고, 다른 인생을 살 수 있게 해줄 것 같은 사람. 참으로 신기하게도, 사랑은 그런 거래를 결코 성사시키지 않는다. 왜냐하면 사랑은 언제나 나를 위해 오고 있기 때문이다. 그런데 사랑을 얻고 싶어 나를 팔려 하다니…, 내게 오던 사랑이 정처를 잃는다.

사랑이 정확히 나를 위해 올 수 있도록 분명하게 밝혀야 한다. 내가 나이기를 지우게 하는 모든 요청에 대해 분명하게

"아니!"라고. 동시에 상대도 나를 향해 큰 소리로 분명하게 "아니!"라고 말하는 것에 거리낌 없게 해주어야 한다. "아니!"라는 말을 들었을 때 나는 제정신을 차려 그의 있는 그대로가 아닌, 내가 바라는 그이기를 요청한 것이 잘못되었다고 사과할 것이다. 그러고 나서도 인간은 쉽게 변하는 존재가 아니라서 몇 번쯤 더 "아니!"라는 말을 듣고 말 것이다. 변함없이 사랑할 것이다. "아니!"를 나를 거부하는 말로 오해하지 않을 것이다. 나 또한 나를 지우게 하는 요청을 받았을 때 비겁하게 답하지 않으려고 노력할 것이다. 착한 "그래!"를 비겁한 사랑의 도피처로 삼지 않을 것이다. 만일 그가 나의 "아니!"라는 답에 돌아선다면, 아무리 가슴이 아파도 그 사랑이 나를 위해 온 것이 아니었음을 받아들일 것이다.

원치 않는 "그래"라는 답을 하면서 번번이 자신을 입증해 보여야 하는 사랑은 비겁하다. 비겁한 사랑은 피곤하다. 두 개의 몸, 두 개의 자아. 이 관계에서 "아니!"라는 말을 하지 않고 자기의 있는 그대로의 모습을 알릴 수 있는 방법을, "아니!"라는 말을 듣지 않고 그의 있는 그대로의 모습을 알 수 있는 방법을, 당신은 아는가? 있는 그대로를 알지 못한 채 깊은 관계를 맺을 수 있는 방법을, 당신은 아는가?

여기서 "아니!"라는 답은 상대를 조종하려는 한 치의 의도

없이 진실하기를 전제로 한다. 또, "아니!"가 대화의 종지부가 되거나 듣는 사람을 체념하게 만들 정도로 강경해도 곤란하다. 나라는 존재는 늘 변화하고 성장하기에 오늘의 "아니!"가 내일의 "그래!"가 될 수도 있다는 가능성을 남기는 것은 언제나 현명하다. 그래도 일단 오늘은 "아니!"다.

85

애착 행동은 요람에서 무덤까지 지속된다

#정신적 허기의 정체

평소엔 자각하지 못하다 그날의 나처럼 별안간에 태풍을 맞고 뿌리까지 뽑힌 채 나동그라진 나무 같아지는 순간이 예고 없이 벼락처럼 가슴에 내리친다. 사랑하고 싶다고, 애인이 있으면 좋겠다고 말하지만, 관계 욕구, 그중에서도 애착 욕구가 터진 것이다. 애착을 경험하고 싶은 사람과 관계를 나누고 싶은 욕구 말이다.

이런 상태에서 관계를 맺으면 일시적으로 즐거울지 몰라도 더 외로워지고 만다. 배가 고파서 당장 눈에 보이는 아무 음식점이나 들어가서 먹었는데 맛이 너무 없어서 식당 주인에게 화가 나는 상태나 비슷하다. 외로움이라는 허기를 채우려고 아무에게나 자신을 아무렇게 던져놓고 "날 좀 어떻게 해줘." 하는 식이다. 아무나와 아무렇게나. 이래서야 애착 욕구가 충족될 리 없다. 방법을 몰라 이 아무나에서 저 아무나로 끊임없이 만남을 이어간다. 한 명의 아무나로 부족한 거 같아 동시에 두 세 명의 아무나를 만나기도 한다.

운이 좋아 훌륭한 파트너를 만난다면 더 안타깝다. "내가 외로우니까 네가 내 외로움을 채워줘" 하는 상태라서 "네가 나한테 다 맞춰 줘"라며 괴롭히거나 "내가 너한테 다 맞출게"라고 끌려다닐 수 있어서다. 모든 초점이 상대에게 맞춰 있는데 정작 원하는 결과를 얻을 가능성은 매우 낮다. 애착 욕구에 자기가 모두 먹혀 사랑을 순수 소비할 수 없기 때문이다. 사랑이 '아무것도 아닌 것을 위한 것'이 되면 큰일 난다고 믿어 그렇게 되지 않도록 결사 방어한다. 기어이 자신이 받고 싶은 것으로 관계를 채우려 한다. 이런 관계의 끝은…

"옴네 아니말 트리스테 포스트 코이툼omne animal triste post coitum. - 모든 동물은 교미 후에 슬프다."

앞선 라틴어 격언에서 '슬프다'는 '공허함'에 비롯되었을 것이다. 채우고 싶어서 함께 했고, 함께 있는데 공허하다니. 혼자 있으면 외롭고, 같이 있어도 공허하고. 대체 왜 이럴까. 인간에 대한 정보가 미비할 때는 이런 원초적인 결핍을 '내가 이상해'로 잘못 알기 쉽다. 이상하니까 아무것도 제대로 해낼 수 없을 거 같은 불길한 예감이 든다. 이 불길한 예감을 깊이 파고들면 플라톤 같은 대철학자가 될 수 있을지 모른다.

416년경 아가톤의 집에 소크라테스를 비롯한 아테네의 지성인들이 한자리에 모여 '사랑(에로스)'을 두고 향연을 벌인다. 희극작가 아리스토파네스가 에로스는 인간의 본능이라며 최초의 인류를 소개한다. 최초의 인류는 몸의 전체가 동그란 형태로, 서로 반대 방향을 향해 있는 두 얼굴에 한 개의 머리, 네 개의 귀, 여덟 개의 팔다리를 가졌다. 그들의 힘이 막강해 신들에게 위협이 되자 제우스가 터럭으로 달걀을 자르듯 인간들 각각을 둘로 잘랐다('터럭으로 달걀을 자르듯'이라는 표현이라니). 이 흔적이 배꼽 주변에 남아 있는 약간의 주름이란다. 아무튼 아리스토파네스 말에 따르면 본성本性이 둘로 잘렸기 때문에 각각의 반쪽들이 나머지 반쪽을 그리워하면서 줄곧 만나려고 한단다.

"우리 각자는 한 인간의 부절符節이라네. 마치 넙치들 모양으로 하나에서 둘로 잘라져 있으니까 말일세. 각자는 자신의 부절을 하염없이 찾아다닌다네."✣ (부절符節 ; 예전에 돌이나 대나무 옥 따위로 만들어 신표로 삼던 물건. 둘로 갈라서 하나는 조정이 관하고 다른 하나는 본인이 가지고 다니면서 신분의 증거로 사용했다.)

인류의 반쪽론, 인간은 본디 반쪽이며 다른 반쪽을 만나야 온전한 하나가 된다는 이야기는 서양과 동양의 신화에서 공통으로 등장한다. 2천 년 전 인류가 입에서 입으로 전한 말이 오늘날 청첩장이나 주례사에 거의 빠지지 않고 등장한다. "둘이 하나가 되었으니…"

나는 나를 '반쪽이'라고 생각하고 싶지 않지만 정체 모를 무엇인가, 원초적으로 결핍돼 있음을 느낀다. 이러한 느낌과 반쪽론 신화를 여기에 대입하면 신기하게 들어맞는다.

기억하지 못하지만 엄마의 뱃속에서 지내던 시절이 있었다. 공부하지 않아도 되고 돈 벌지 않아도 되었다. 번번이 자신을 증명하기 위해 경쟁을 치러야 할 일도 없었다. 그런데도 배곯지 않았다. 따뜻했고 평화로웠다. 외로움 같은 거, 절대 몰랐다. 이게 다 엄마와 한 몸인 덕분이었다. 합일된 상태였고 낙원이었다. 그러다 날벼락처럼 엄마와 분리되더니 더 이상 한 몸이 아니게 되어버렸다. 엄마가 더 이상 내가 아니고 내가 더 이상 엄마가 아니라니!

덩그러니 홀로 떨어진 세상은 춥고 배고프고 시끄럽고 과

✣ 플라톤, 『향연』, p85, 아카넷

하게 눈부시다. 혼란스럽고 불안하고 무섭다. 충격적인 이 모든 상황은 내가 엄마와 더 이상 한 몸이 아니어서다. 예전으로 돌아가고 싶다. 다시 한 몸이 되고 싶다. 박박 울어댄다. 엄마가 나를 품에 꼭 안아주고 젖을 먹이지만 어쩐지 엄마 뱃속에 있던 시절만큼 평온하지 못하다. 생애 최초로 겪은 일이 하나가 둘로 분리되는 대사건이라니! 무기력한 인간 아기가 감당하기에 지나치게 가혹하다. 아홉 달 동안 나와 하나였던 엄마라는 공간이 일순간에 사라져버렸다.

이 공간을 회복하고 다시 연결되고자 하는 원초적인 욕망이 사랑에 대한 갈망일지 모른다. 채워지지 않는 갈망에서 필연적으로 외로움이 생겨난다. 평생토록 찾는 반쪽의 실체가 사실은 엄마를 대체할 수 있는 대상일지 모른다. 아빠가 아니다, 엄마다. 남성만 엄마를 바라는 게 아니다. 여성도 엄마를 바란다. 여기서 말하는 엄마는 실제 생물학적 엄마나 여성을 뜻하지 않는다. 태아 시절만큼 평온하고 안전한 환경을 보장해주는 존재, 강인하고 무한하며 영원한 존재로서의 대명사이다. 이로 인한 평생의 불편함, "인간의 애착 행동은 요람에서 무덤까지 지속된다(존 볼비, 영국의 정신의학자)."

연애를 하면 유아기로 퇴행한 듯 혀 짧은 소리를 내거나 아기처럼 예쁜 짓을 해보이고, 초등학생도 안 할 장난을 벌이는 건 우연이 아니다. 나는 나의 애인이 나의 완전한 엄마로서 나의 근원적 허기를 알아보고 인정해주고 채워주어 온전하게 만들어주길 바란다. 사랑은 분명 이러한 애착 결핍을 채워줄 수 있다. 그러나 애착 욕구를 채우고 싶은 갈망이 앞서면 사랑을 망치고, 그래서 망쳐버린 사랑은 두고두고 부끄러울 따름이다.

91

우리는 자신과 맺은 관계의 모습 그대로 타인과 관계 맺는다

#혼자 있는 시간의 힘

애인이 없으면 심심할 수는 있다. 친구에게 애인이 생기면 더 심심해진다. 그러나 외로움을 탄다면… 애인이 없어서가 아니다. 흔히 "사람은 다 외로운 거야"라고 하는데 거짓이다. 외로움을 타지 않는 사람도 의외로 적지 않다.

'타다', 흥미로운 어휘다. 탈 것에 몸을 얹을 때도 '타다'라고 하지만, 쉽게 달라붙는 성질을 가질 때도 '타다'라고 하고, 감정이나 느낌을 쉽게 느낄 때도 '타다'라고 한다. '외로움을 타다'라고 써놓고 멀거니 쳐다봤다. 내가 외로움에 몸을 얹고 어디로 가려 한다는 뜻일까. 외로움이 먼지나 때처럼 쉽게 나한테 달라붙는다는 뜻일까. 외로움을 타지 않는 사람들은 외로움에 쉽게 몸을 얹지 않고, 외로움이 잘 달라붙지 않으며, 어쩌다 달라붙으면 쉽게 툭툭 털어낼까. 어떻게 그럴 수 있을까.

'외로움'이야말로 만병의 근원이다. 그런데 우리는 외로움을 타는 만큼 외로움에 대해서 알지 못한다. 그저 사람은 누구나 외로운 것이 당연해서 친구를 만나고 애인을 만나고 가정을 꾸려야 외롭지 않을 수 있다고 말할 뿐이다. 이러한 연유로 우리는 외로움을 '나에게 관심과 애정을 줄 사람이 필요해!'라는 시그널로 여긴다. 과연 정확한 해석일까.

일정 부분은 맞다. 외로움은 자기를 드러내는 정도나 타인과 건강한 관계 맺기와 관련이 있다. 일절 자기를 드러내지 않고 건강한 관계를 맺고 있는 타인이 없다면 외로움이 먼지나 때처럼 달라붙을 것이다. 이것이 원인이라면 자기 자신을 표현하는 법, 건강한 관계를 맺는 법에 대한 학습이 필요하다. 그러나 외로움에 대처하는 법일 뿐 외로움의 근본적인 원인이 아니다.

'외로움'은 홀로 되어서 쓸쓸한 느낌이다. 혼자가 됐다고 모두 쓸쓸함을 느끼지 않는다. 오히려 홀가분함이나 자유로움을 느끼는가 하면, 혼자일 때의 고요함과 적막함을 사랑해서 의도적으로 고립을 자처하는 이들도 있다. 즉, 외로움의 원인은 물리적으로 혼자 된 것에 있다기보다 혼자가 됐을 때 쓸쓸함을 느끼는 것, 그 쓸쓸함의 정도가 견디기 힘든 강도로 텅 빈 가슴을 때리는 것에 있다. 똑같이 혼자인데 누구는 쓸쓸하고, 누구는 아무렇지도 않거나 심지어 누구는 충만하다. 이 차이가 어디에서 비롯될까.

나는 '함께하는 것만이 유일하게 행복한 삶의 방식'이라는 기대를 버리는 것에 있다고 생각한다. 이러한 기대는 애초에 불행을 내포하고 있다. "너 없이는 못살아!"를 예로 든다면, 지금은 네가 있어서 행복하지만 네가 없으면 불행해질 거 같다는 소리다. 그래서 어떻게든 함께하고 싶어 비겁한 사랑을 감수할 것이다. 이마저 원하는 대로 되지 않으면 다른 커플들을 부러워하거나 시샘할 것이다.

사랑하는 사람이 있어서 행복하고, 없어서 불행하다면 진정한 행복이라고 할 수 있을까. 우리는 사랑하는 사람이 없어도 행복하고, 있어서 더 행복한 사람이 되어야 한다. 이런 맥락을 가지고 외로움에 대해 고쳐 생각하면 다른 해석이 필요하다. 곧이어 '나를 사랑해주고 보살필 타인을 찾으라!'가 아니라 '내가 나를 사랑해주고 보살피고 있는가?'라는 신호가 울린다. 구체적인 항목은 이러하다.

지금 나는 있는 그대로의 나를 긍정하고 있는가?

나에게 무엇이 필요한지 알고 있는가?

그것을 왜 꼭 남에게 바라는가?

내가 나에게 줄 수는 없을까?

사람에게는 자기를 절대적이고 무조건적으로 사랑해줄 존재가 필요하다. 외로움은 그러한 존재를 내 몸 밖에서 찾을 때, 내 몸 안에서 외치는 소리다.

"밖에 그만 좀 기웃거리고 나 좀 보살펴달라고! 남한테 하는 반의반만큼이라도 나한테 좀 관심을 갖고 사랑해달라고!"

아무도 나를 보살펴주지 않아서가 아니라 내가 나를 보살피지 않고 방치해서 생긴 감정이다. 의도적으로 '혼자 있는 시간'을 갖는 것이 필요하다. 내가 너무 힘이 없어서 자꾸 남한테 의존하려는 것이므로 스스로 힘을 추스르면서 의존욕구라는 헛바람을 빼기 위해서이다.

그렇다고 시선을 지나치게 내부로 향하는 것도 옳지 않다. 그러면 의도치 않게 반성할 일만 자꾸 떠오른다. 반성 같은 거, 외로울 때는 하지 말자. 지금은 부족하면 부족한 대로, 모자라면 모자란 대로, 못나면 못난 대로 자기 자신을 긍정하고, 필요한 것을 차례차례 주어야 할 때이다. 자기본위의 삶을 살지 못한 사람은 이럴 때 무엇이 필요한지 알지 못한다. 이제부터 외로움이라는 감정을 계기로 알아가면 된다. 처음엔 실패할 수 있다. '그걸 나한테 주면 좋을 거 같아서 해봤는데 더 외로워지고 말았다'는 식으로.

'혼자 있는 시간'의 정확한 의미는 '타인을 비롯한 외부의 자극을 최소화한 환경'이다. 따라서 가족과 연인이 많이 오는 여행지, TV, SNS 등은 금물이다. 혼자 있다고 다 '혼자 있는 시간'이 아니라서 무엇이 나를 위해 진정한 '혼자 있는 시간'인지 구체적인 방법을 터득하면 평생 유용하다.[✢] 그렇게 혼자 있으면서 혼자서도 할 수 있는 것과 혼자서는 할 수 없는 것을 분간해보자(자기가 하고 싶은 것과 하기 싫은 것을 분간하자는 게 아니다). 할 수 있는 것은 하면 되고, 할 수 없는 것에 대해서는 적임자를 찾아 '정중하게' 도움을 요청하자.

'이 정도는 알아서 해줘야지' 같은 생각은 하지 말자. 요청한 적도 없으면서 안 해줬다고 원망하는 경우가 많은데 상대 입장에서는 황당하다. 또, 아무리 가까운 사이라도 '정중함'을 잊지 말아야 한다. 정중함을 잃은 부탁은 지시나 명령에 가깝다.

자기본위의 삶을 산다는 것은 '뭐든지 혼자서 잘해요'로 빈틈없이 튼튼하게 무장하는 게 아니다. 자기가 할 수 있는 것과 할 수 없는 것을 파악해서 구분하는 것이고, 독립적이면서 동시에 기꺼이 기댈 줄 아는 것이다. 현대인은 독립적이어야 한

✢ 내 경우엔 디지털기기를 오로지 휴대전화만 남겨둘 수 있는 환경으로 혼자 떠나는 것이다. 그 휴대전화마저 무음으로 돌려놓는다.

다는 강박감과 독립적인 것에 대한 두려움을 동시에 가지고 있다. 그래서인지 자신이 할 수 없는 것을 솔직하게 털어놓고 정중하게 부탁하는 방법을 학습할 생각을 하지 못한다. 이러한 태도는 자칫 고립감을 불러올 수 있다.

"기대는 게 뭐 어때서?"

"도와달라고 부탁하는 게 뭐 어때서?"

"거절당하면 마는 거지 뭐."

이런 뻔뻔함이 어느 정도는 필요하다.

정중하게 부탁해서 도움을 받고(때로는 거절도 당하고), 도움을 받은 것에 대해 감사함을 표현하고, 상대가 언제든 도움을 청할 수 있도록 호의를 보여주고, 청했을 때 조건 없이 들어주고(반대로 내가 부탁했을 때 거절당한다면 상대를 난처하게 해서 미안하다고 표현하는) 기술을 익히는 것이 필요하다.

입장을 바꾸어 부탁을 받았다면 상대의 말을 찬찬히 들어보고 신중하게 고민해서 들어줄 수 있다면 들어주고, 들어줄 수 없다면 거절하면 된다. 거절당하거나 거절하는 일을 상처를 받고 주는 일이라고 여기기 쉬운데 몇 번쯤 거절당하거나 또 몇 번쯤 거절하다 보면 별일 아니다. 자존감하고도 별 상관이 없다. 그 정도로 상처받는 자존감이라면 애초에 자존감이 없는 거다. 상대의 거절이 내 자존감에 타격을 주기 위한 의도라는 추측은 삼가자.

세상에는 자기가 거절한 사실을 무슨 훈장이라도 단 양 말로 만들어 퍼트리는 사람들이 있기는 하다. 내 경험상, 이런 사람들은 거절할 수 있는 위치를 오래 누리지 못한다. 그런 뒷담화를 다리 건너 몇 번쯤 듣다 보면 아무도 그에게 부탁을 하지 않을 것이고, 내가 부탁할 일 없는 사람의 부탁은 들어주지 않고 싶은 게 인지상정이다. 그러니 거절당한 것에 크게 마음 쓰지 마라. 중요한 건 자기에게 필요한 것을 채울 수 있어야 한다는 사실이다. 그런데 여기서 주의사항 하나, 자기본위의 삶을 살지 못하는 사람은 어디까지 스스로 해야 하고, 어디부터 타인에게 부탁해야 하는지 그 경계를 지키지 못해서 진짜로 민폐를 끼칠 수 있다. 그 경계는 무수한 깨짐을 거쳐 스스로 깨치는 수밖에 없다.

그렇게 내가 나의 욕구에 수시로 귀를 기울이고, 최대한 충족시켜주며 살뜰히 보살피자. 그토록 간절히 받고 싶은, 절대적이고 무조건적인 사랑을, 내가 나에게 주자. 물론 쉽지 않은 일이고, 평생에 걸친 수련에 가깝다. 편한 것이 미덕인 세상에서 현대인은 유독 힘든 것에 대한 거부감이 심하다. 그래서 이렇게 항변하고 싶기도 하다.

“힘들게 그렇게까지 해야 해? 어딘가에 나를 보살펴줄 사람이 있지 않을까? 그런 게 진짜 사랑 아니야?"

미안하지만 "없다", 다시 말하지만 "없다". 그런 영화 속 주인공은 있을지 몰라도 그런 사람은 없다. 설령 있다고 치자. 그 좋은 사람에게 왜 '나도 싫어하는 나'를 짐짝처럼 떠넘기려 하는가? 세상에서 제일 아름다운 것들로만 골라 줘도 아깝지 않을 사람에게?

명랑한 새소리가 듣고 싶다면 나무를 심어야 한다. 새장을 사서 새를 가두는 것이 답일 수 없다. 지금은 나무를 심는 시간이다. 우리에게는 각자 혼자 심어야 하는 나무가 있다. 아무도 대신 심어줄 수 없다. 나무를 심고, 물을 주고, 기르면서 자기와의 관계를 새로 맺는다. 어느 날 아침, 어제와 다르지 않을 거라 예상했는데 명랑한 새소리가 들린다. 내면의 나무를 심은 사람은 당장의 필요에 따라 허기진 것처럼 관계를 맺지 않고 집착하지 않는다. 혼자여도 괜찮기 때문에, 네가 없어도 잘 살 수 있기 때문에 오히려 사랑의 본질에 집중할 수 있다. 그 덕에 자유롭고 편안하게, 흔들림 없이 사랑할 수 있다.

사람은 자신과 맺은 관계의 모습 그대로 타인과 관계를 맺는다. 내가 나를 보살피고 있다면 타인을 보살필 수 있다. 내가 나를 믿고 있다면 타인을 믿을 수 있다. 자신을 존중하고 있다면 타인을 존중할 수 있다. 또한 자신을 보살피는 사람이 타인의 보살핌을 받을 수 있다. 자신을 믿는 사람이 타인의 믿음을 얻을 수 있다. 자신을 존중하는 사람이 타인의 존중을 받을 수 있다. 이러한 이치는 마치 자석의 원리와 같다. 가지고 있어야 끌어당긴다. 타인에게 아무리 바라도 자기 안에 자성이 없다면 아무것도 끌어당길 수 없다. 또한, 내가 나한테서 끊임없이 도망치면 타인에게도 그러할 것이다.

"내가 나를 사랑해서 사랑받을 수 있다고 믿는다면 타인을 사랑할 수 있다."

이 문장에서 사랑 대신 믿음, 존중, 보살핌 등 당신이 원하는 모든 것을 넣어도 뜻은 통한다. 인간관계에서 '나'와 '남'은 구별할 수 없다. '남'이라는 글자의 생김새를 찬찬히 들여다보라. 네모 난 단상 위에 올라가 있는 '나'가 아닌가. 내가 보지 못한 내가 단상 위에 올라가 있는 것, 그것이 '남'이다.

"우리가 어떤 인간을 미워한다면 우리는 그 모습 속에서 우리 안에 있는 무언가를 보고 미워하는 거지. 우리 자신 안에 없는 것은 우리를 자극하지 않는 법이니까."✣

미움이 그러하다면 사랑도 그러하리라. 우리는 자기 안에 없는 것을 미워하지도, 사랑하지도 않는다.

✣ 헤르만 헤세, 『데미안』, p136, 문학동네

한 번쯤은, 그래 한 번쯤은 이래 보는 것도 나쁘지 않다. 아니 오히려 한 번쯤은 이래 봐야 인간적이다. 너무 외로워서 타인에게 자신을 허투루 내던지고 기꺼이 멸망하는 일 같은 거…. 그렇지만 부디 한두 번으로 끝내야 한다. 관계 중독이나 사랑 중독으로 이어져 자기혐오에 빠질 위험이 있고, 외로움보다 훨씬 압도적으로 밀려오는 자기 파괴적인 본능에 사로잡히면 어느새 불행의 수레바퀴에 올라타 있다. 그 직전 어디쯤 놓이기를 몇 번쯤… 그 뒤로 비슷한 유혹을 느낄 때면 내가 나에게 하는 말이 있다. 당신에게도 들려주고 싶다.

구멍이 났으면 구멍 난 채로 사는 거야. 뭐 어쩌겠어? 도저히 다른 무엇으로는 대체가 안 되니까 구멍이 난 거 아니겠어? 맞지도 않는 다른 걸 가지고 억지로 메우려 들면 이상해. 그래, 이상해. 전체가 어긋나고 삐거덕거려. 그냥 내버려둬. 까짓 구멍 몇 개쯤 나지 않은 인생이 어디 있겠어.

구멍이 점점 뚜렷이 보인다면 환영할 일이야. 이제야 자기 모습을 제대로 본다는 거니까. 이젠 받아들여. 네가 너의 구멍을, 네가 너를. 지금 너의 문제는 구멍이 났다는 게 아니라 구멍이 나도 얼마든지 잘 살 수 있다는 걸 믿지 못하는 거야.

그런데 말이야. 신은 그렇게까지 대책 없는 구조로 인간을 설계하지 않았거든. 인간의 영혼은 벽돌담이 아니라 그물 같은 거야. 빈틈없이 쌓아올려서 구멍이 생기면 와르르 무너지는 게 아니라 그물처럼 구멍이 나서 '무엇'이 새로 들어올 수 있게 하는 거야. 바로 그 '무엇'이 지금까지 경험하지 못한 새로운 세상으로 데려가. 그렇게 조금씩 영혼이 자라는 거지.

사람의 영혼은 자랄수록 단단해져. 구멍이 난 채로도 얼마든지 잘 살 수 있어. 오히려 그 덕에 더 잘 살 수 있어. 정말이야. 믿어도 좋아.

102

오직 사랑만을 위해서 사랑해주세요

당신이 날 사랑해야 한다면
오직 사랑만을 위해서 사랑해주세요.

그녀의 미소, 그녀의 모습, 그녀의 부드러운 말씨
그리고 내 마음에 꼭 들고
힘들 때 편안함을 주는 그녀의 생각 때문에
'그녀를 사랑해'라고 말하지 마세요.

사랑하는 이여, 이런 것들은 그 자체로나
당신 마음에 들기 위해 변할 수 있는 것.

그리고 그렇게 얻은 사랑은
그렇게 잃을 수도 있는 법.

내 뺨에 흐르는 눈물
닦아 주고 싶은 연민 때문에
사랑하지도 말아주세요.
당신의 위안을 오래 받으면
눈물을 잊어버리고
그러면 당신 사랑도 떠나갈 테죠.

오직 사랑만을 위해서 사랑해주세요.
사랑의 영원함으로
당신 사랑 오래오래 지니도록.

_엘리자베스 배럿 브라우닝, 「오직 사랑만을 위해」

2장

사랑은 빠지는 것이 아니라 하는 것이다

_사랑의 가치

'활동'은 프롬이 여러 차례 강조한 개념이다.
사랑은 수동적 감정이 아니라 활동이다.
사랑은 '참여하는 것'이지 '빠지는 것'이 아니다.

사람은 스스로 선택·결정하고, 이를 이루기 위해
'활동'하는 과정에서 커다란 기쁨과 충만함을 느낀다.

107

나는 분해되는 게 아니라 용해된다

#너를 사랑해

"첫눈에 반하다"

'첫눈'이라는 표현이 재밌다. '처음 보아서 눈에 뜨이는 느낌이나 인상'이라는 뜻이다. 첫눈에 반하는 순간을 과학자들이 시간으로 환산했는데 '0.0002초'라고 한다. 무슨 일이 일어난다는 게 거짓말 같을 정도로 미미한 시간이지만, 불가에 '찰나에 모든 존재가 생기기도 하고 없어지기도 한다'는 말이 있고, 찰나는 0.75초이다. 0.75초에 모든 존재가 생기기도 하고 없어지기도 한다는데, 0.0002초 만에 누군가에게 끌리는 일쯤이야 가능하지 않겠나.

'반하다'의 옛말은 '번하다', 번은 '번개', '번쩍'과 어원이 같으니 '반하다'는 빛에 이끌려 홀린다는 뜻이다. 그러니까 '첫눈에 반하다'는 눈 깜빡하는 사이보다 짧은 0.0002초 만에 상대의 빛에 이끌려 마음이 홀린 것 같이 쏠린다는 소리가 되겠다. 비슷한 뜻으로 프랑스에는 '벼락의 화살le coup de foudre' 이라는 표현이 있다. 보자마자 빛에 이끌리거나, 벼락이 쏘는 화살을 맞거나… 사랑의 가능성을 강력하게 알리기로 이만한 신호가 또 있을까.

"사랑에 빠졌다"

여기서 '빠지다'는 '바닥'이 없음을 전제로 한다. 바닥이 없는 사랑으로 떨어져 잠기고 있다. 그렇게 계속 떨어지고 잠기면 어떻게 될까. 롤랑 바르트가 말했다. "나는 분해되는 게 아니라 용해된다." '나'라는 딱딱한 고형물이 사르르 녹는다. 사랑이란 자기가 무너지고 깨어지는 '붕괴'가 아니다. 자기가 낱낱으로 나누어지는 '분해'가 아니다. '사랑'이라는 액체가 담긴 비커 속으로 떨어져 녹아 한데 섞여 새롭고 유일한 용액이 탄생한다. 이 용액에 네임 태그를 붙인다면 '사랑에 빠진 나'.

그런데 유독 빠른 속도로 낙하해 녹아내리는 것을 실감하는 시간이 있다. 내가 욕망하는 상대가 나를 욕망하는 환각에 빠질 때다. 더운 물에 설탕을 빠트려 흔적 없이 사라지는 것처럼 하염없이 내가 녹는다. 이런 상태는 꽤 몽환적이고 달콤해 절대 물리고 싶지 않다. 심지어 사랑에 빠진 상대에게조차도…. 혼자서 야몽야몽 즐기고 싶다. 이러한 달콤함은 아직 그의 모습이 보이지 않는, 만나기 5분 전에 극치를 이룬다. 즉, 어느 정도 현실 가능성이 있어야 하며 거부가 명백한 관계에서는 성립되기 어렵다.

“첫눈에 반하는 사랑을 믿으면 안 돼”

뭘 모르는 소리다. 사랑은 첫눈이 아니라 두 눈, 세 눈, 열 눈이라도 실패할 수 있기에 첫눈 탓이 아니다. 속뜻이 사람의 됨됨이를 살펴야 한다는 데 있더라도 우리 어머니 가라사대 “40년을 같이 살아도 모르겠더라.”

‘첫눈에 반하는 것’에는 근거가 있다. 미국의 인류학자 헬렌 피셔의 주장에 따르면 이러하다. “어쩌면 첫눈에 반한 사랑이란 짝짓기를 앞당기기 위한 본능일 뿐인지도 모른다. 그다음에 동물적인 끌림이었던 것이 우리 인간의 조상들 사이에서 첫눈에 반하는 감정으로 진화했는지도 모른다.”

나아가 프랑스의 신경과학자 스테파니 카이오프는 다음과 같이 주장했다. “이 눈 깜짝할 사이의 결정은 엄청나게 복합적인 시각 정보에 기반하는데, 자손 증식의 적합성 같은 뿌리 깊은 유전적 선호 체계뿐 아니라 ‘나는 너의 스타일이 좋아’ 같은 개인적 선호 체계까지 반영한다.”

"짝짓기"

동물계에서는 교미하는 행위를 뜻한다. 인간 종에서는 서로 마음에 드는 상대끼리 짝을 이루거나, 짝이 이루어지게 하는 일을 뜻한다. 우리는 동물계에서 가장 두뇌가 발달한 영장목 인류과 인간 속 인간 종이다. 이에 따라 내가 짝짓기 하고 싶은 짝은 다음과 같은 의미를 지닐 수 있다.

'너의 두뇌와 성격, 신체 조건 등 타고난 유전자가 본능적으로 끌려', '너는 나랑 유사한 점이 많아. 나랑 잘 통할 거 같아', '너는 내가 갖지 못한 것을 가지고 있어서 날 채워줄 거 같아'.

서로 그 뜻이 맞는다면 함께 밥을 먹으며 눈을 맞출 수 있겠다. 여기서 눈을 맞춘다는 건 제대로 보기 위해서가 아니라 그 반대이다. 터널 시야가 생겨 오로지 상대만 밝게 보이고 주변은 온통 어두워진다. '터널 시야 현상'으로 인한 결과는 다음과 같다. "눈앞의 상황에만 집중하느라 주변에서 일어나는 현상을 제대로 이해하거나 파악하는 능력이 저하된다." 터널 시야에 빠졌을 때 우리의 시간은 과녁을 향해 쏜 화살보다 빠르게 흘러간다.

"눈부셔"

너의 눈에 내가 들어있다. 나의 눈에도 네가 들어있을 것이다. '눈부처', 눈동자에 비치어 나타난 사람의 형상을 이르는 말. 서로의 눈에서 '눈부처'를 볼 수 있다는 것은 둘의 얼굴이 거의 밀착하다시피 하고 있다는 소리. 연인 사이가 아니고서는 불가능하다. 사랑하는 사람의 몸에 깃들어 비치는 나를 보는 일은 세상에서 가장 경이로운 체험이다.

'눈부처'가 가진 신비는 강원과 충북 방언에서 더 잘 드러난다. '눈부셔', 그곳에서는 '눈부처'를 '눈부셔'라고 한단다. 내 눈동자에 고스란히 붙박인 존재가 '눈부셔', 우물 안처럼 어둡던 영혼에 두레박을 드리워 환희를 퍼 올린다. 너의 어깨에 내 양팔을 길게 얹고 확인했다. 오늘도 너의 '눈부처'가 잘 있는지… 마치 사랑이 사라지면 내가 바라봐도 더 이상 내가 '눈부셔'로 들어있지 않을 것처럼. 아니, 아니. 정말로 그러할 것이다. 사랑이 사라지면 내가 너의 눈을, 네가 나의 눈을 가만가만히 들여다보는 일부터 피할 테니까.

세월이 흘러 깨닫는다. 관계의 시작부터 마지막까지 내가 바라본 것은 '너'가 아니라 '너에게 있는 나'였다. 그러니까 내가 너한테 첫눈에 반한 이유는 '너에게 있는 나'를 발견했기 때문이다. 아는 맛이 무섭다. 나의 일부를 보았기 때문에 강렬하게 느낀다. 상상할 수 있고 몰입할 수 있다. 브뤼노 라투르가 말했다. "외부는 없다."

"왜 이 사람일까?"

이종사촌이 늦도록 연애 한 번을 못하기에 왜 못하냐고 물었더니 하고 싶어도 남자가 없어서 못 한단다. 그 말을 듣고 그 도시에 있는 대학교 앞 사거리에 서 있어보았다. 그날따라 학교에 무슨 일이 있는지 남자들이 우르르 쏟아져 나온다. 이렇게 많은데 왜 없다는 거냐?

그렇다. 주변을 둘러보면 수많은 남자가 있고 수많은 여자가 있다. 사랑에 빠지는 건 그중에 딱 한 사람(동시에 두 사람 이상이면 상당히 곤란하다). 왜 이 사람일까. 왜 이 사람이어야만 할까. 낭만주의자들은 '운명'이라 부르고, 정신의학자들은 '투사'라 부르며 우리는 "나도 모르겠어"라고 한다.

"나도 모르겠어"

그렇다면 사랑이라는 횃대에 불꽃을 쏘아 올린 순간으로 거슬러 올라가 보자. "나하고 통할 것 같아!" 실제로 당신과 그는 공통점이 거의 없다. "어쩌면 우리는 이렇게 통하는 게 하나도 없냐?" 연애하고 결혼해서 10년쯤 지나면 거의 일상어가 되다시피 할 엄연한 진실을, 첫눈에 반했을 때는 자각하지 못한다.

'투사'가 둘의 차이를 지워 서로를 동일시하게 만든다. 흔히 사랑에 빠진 사람을 두고 콩깍지가 씌웠다고 하고, 사랑이 끝날 때 콩깍지가 벗겨졌다고 하는데 '콩깍지'의 정체는 다름 아닌 '투사'다.

투사 없이 불꽃을 피워 올리는 사랑은 거의 없다. 우리는 흔히 말하듯 반대인 사람한테 끌리는 게 아니라 자기에게 없거나 부족하거나 되지 못한 것을 가진 (것 같은) 사람에게 매혹된다. 누군가에게 끌린다는 것은 상대가 어떤 존재인지가 아니라 자기가 어떤 존재인지와 밀접하게 연관되어 있다. 이렇게 시작된 연애의 목적은 "그러니까 내가 투사한 그 모습으로 계속 있어 줘. 그 모습으로 나를 사랑해줘."

투사한 모습이 벗겨졌을 때 그러니까 콩깍지가 벗겨졌을 때 사랑이 끝난 것 같은 실망감과 불안감을 느낀다. 떠나야 할 시점을 셈하기도 한다. 그러나 부디 알아두자. 사랑이라는 길고 험한 과정에서 이제 막 초반을 마쳤을 뿐이다. 쾌락의 호르몬인 도파민과 열정의 호르몬인 세로토닌의 사랑이 끝나고, 안정의 호르몬인 옥시토신과 바소프레신의 사랑이라는 변곡점에 다다랐다.

"왜 이렇게 멀리 있어?"

나와 마주 보던 네가 슬쩍 등을 돌렸을 뿐인데 모르는 사람이 되어버린 것 같다. '운하임리히Das Unheimlich', 독일어에서 하임heim은 집이나 고향을 가리키고 그래서 하임리히heimlich는

'친숙하게'라는 뜻이다. 내 집 아닌 곳에서 내 집 같은 편안함과 친숙함을 느낄 때 쓴다. 그런데 그 앞에 부정관사 운Un이 붙으면 단순히 '친숙하지 않은', '집 같지 않은'이라는 뜻을 넘어 '섬뜩함', '스산함', '으스스함' 같은 공포의 감정을 가리키는 뜻이 된다. 지그문트 프로이트는 '공포는 너무도 익숙하고 친숙한 것에서 온다'고 했는데, 여기서 공포로 번역된 독일어가 바로 '운하임리히'다. 공포는 가장 편안한 내 집에, 가장 친숙한 내 사람에게, 가장 잘 아는 나 자신에게 있다.

나와 가장 가까이 있는 네가 전혀 모르는 사람이라는 사실을 깨닫는다. 나는 너에 대해 아는 것이 아무것도 없다. 이름, 전화번호, 학교나 직장, 자주 가는 카페나 사는 동네 같은 걸 말하는 게 아니다. 그런 건 하나도 중요하지 않다. 정작 너에 대해 가장 중요한 정보, 그러니까… 간밤에 어떤 꿈을 꾸었는지, 어떨 때 어린아이처럼 두 눈을 반짝이며 감출 수 없는 미소를 띠는지, 서운하거나 화났을 때는 어떤 태도를 취하는지, 너의 두 눈으로 본 아름답고 신기한 것들과 두 귀로 들은 재미있는 이야기들, 온몸으로 체험한 슬픔과 모욕, 내내 잊지 못하는 그리움, 마지막까지 간직하고 싶은 가치가 무엇인지, 그래서 너는 어디에서 왔고, 어디로 가고 싶어 하는지… 아무것도 알지 못한 채, 아무것도 알려고 하지 않은 채 사랑에 빠졌다. 오늘따라 너의 등짝이 참 무정하구나. 낯선 이의 얼굴처럼.

"첫눈에 반했어"

'반하다'의 유의어는 훨씬 달콤하다. '녹다', '녹아떨어지다', '빠지다', '취하다', '혹하다', '홀리다', '이끌리다', '매료되다'…. 하나같이 사랑에 빠진 느낌들이다. 어디에도 '사랑하다'는 없다. "첫눈에 반했어"는 "나는 너를 사랑해"와 같은 말이 아니다. 아직은, 그렇다. 그렇다 해도 이 사실 하나만큼은 진실하다. 방금 이 세상에 새로운 '에너지'가 발생했다. 열역학 제1법칙에 따라 이 에너지는 일이나 가열 때문에 변화할 수는 있어도 소멸되지 않을 것이다. 동시에 열역학 제2법칙에 따라 자발적으로 한 방향으로 흐를 것이다. 이 움직임이 엔트로피의 총량을 증가시킨다. 너에게 녹을 때마다, 빠질 때마다, 홀릴 때마다, 매료될 때마다 엔트로피는 더욱 커지며 이에 따라 '나'라는 세계가 무질서한 상태로 치닫고, 끝내 붕괴되고 말 것 같은 조짐을 느낀다. 조짐이 선명하고 강렬할수록 '이번에야말로 진정한 사랑'이라고 확신한다.

내 몸이 사랑의 숙주가 되면 벌어지는 일

#사랑의 현상

나는 이 셋을 사실상 이음동의어라 여긴다. '사람', '사랑', '삶'. 시작은 '살'이다. '사람이나 동물의 뼈를 싸서 몸을 이루는 부드러운 부분'. 살이 사라지면 우리는 더 이상 사람이 아니게 된다. 그리하여 사랑을 할 수 없고, 삶을 살아갈 수 없다. 삶에 사랑이라는 기생생물이 들러붙는다. 그날부터 살은 사랑의 숙주가 되어 사랑을 점점 뜨겁고 커다랗게 키운다. 그리고 내 몸에서는 어떠한 일이 벌어지는가(이어지는 글에서 '그'는 성별의 구분이 아니라 '사랑하는 사람'을 지시하는 대명사로 쓰인다).

▷ 뇌

지극히 짧은 순간의 접촉일 뿐이었는데 반복, 또 반복해 재생한다. 아무리 객관적으로 봐도 내가 그를, 그가 나를 사랑할 수밖에 없는 단서라는 확신이 든다. 그가 점점 '잘츠부르크의 돌소금'이 되어간다. 돌소금을 실은 뇌가 거대한 열기구가 되어 하늘로 떠오른다. 온종일! 심지어 자는 동안에도!

* 잘츠부르크를 우리말로 옮기면 '소금마을'이다. 중세에 잘츠부르크에서는 염화나트륨의 결정인 돌소금을 이용해서 소금을 채취했는데 바닷물에서 채취한 소금보다 순도가 훨씬 높았다. 돌소금의 정체는 오랜 세월을 지나면서 지층에 눌린 숲의 나무들이 부식되면서 생겨난 것으로 채취하는 방식도 남달랐다. 암염 채굴장에 나뭇가지를 던져놓고 반년쯤 지나 꺼내면 나뭇가지에 소금결정이 가득 달라붙어 있고 멀리서 보면 눈부시게 반짝이는 한 덩어리의 보석처럼 보였다. 이를 두고 프랑스 작가 스탕달은 "사랑은 잘츠부르크의 돌소금과 같다"고 했다. 이 말은 두 가지로 해석해볼 수 있다. 단순히 나뭇가지일 뿐인데 소금결정이 붙어 보석처럼 미화되는 걸 사랑이라고 할 수도, 나무가 죽고 땅에 묻혀 오랜 세월 지각 변동을 겪어가면서 돌소금이 되는 인고의 과정을 사랑이라고도 말이다.

▷ 귀

그가 하는 말 한마디, 한마디를 집중해 듣는다. 마치 기호를 풀 듯이, 암호를 해독하듯이. 숨소리까지도. 한숨은 큰일이다. 모습이 보이지 않아도 어디선가 그의 목소리가 들리면 귀가 쫑긋 선다. 평소에는 잘 들리지 않던 대중가요의 노랫말이 탁탁 꽂힌다. 그러다 갑자기 눈물이 주르륵 흐를 때도 있다. 그 앞에 서면 귓불이 빨개지기도 한다. 들키면 창피할 거 같아서 머리카락을 길러볼까도 싶다.

▷ 눈

대체로 몽롱하며 그를 볼 때는 특별히 동공이 커지고 반짝인다. 그가 없을 때도 그의 자취를 발견하고 추적한다. 그가 걸었던 거리야. 그가 본 하늘이야. 그가 숨 쉰 공기야. 그가 앉았던 벤치야. 무엇을 보았을까? 그가 마신 컵이야. 그가 본 영상이야(너무 많은 관계로 이하 줄임). 그가 가진 장점만 보인다. 세상이 달리 보인다. 세상 사람들이 모두 내게 우호적으로 보인다. 의도치 않게 유대감이 좋아진다. 모든 것이 아름다워 보인다.

그와 내가 같은 인간 종이라서 그가 본 걸 내가 같은 색채로 볼 수 있다는 사실이 기적 같고 감사하다. 괜히 눈물이 난다. 좋아서, 너무 좋아서. 슬퍼서, 너무 슬퍼서. 옆에 있는 친구가 "세상이 아름답다고? 어디가? 어제랑 똑같기만 하구만"이라고 하면 눈을 흘긴다.

▷ 입

떼었다 하면 그에 대한 말만 해서 친구와 동료들을 지루하게 만든다. 입맛을 잃는다. 음식을 먹어도 무슨 맛인지 모르겠고 먹지 않아도 배고프지 않다. 먹고 싶은 것은 오로지 '그'뿐이다.

'앙 깨물고 싶다', '꿀꺽 삼키고 싶다', 이런 느낌을 성적 충동으로 호도하면 억울하다. 귀여워서 어쩔 줄 모를 때 우리의 혀와 치아가 느끼는 간질간질한 충동이다. 내가 너를 삼켜 나는 네가 될 거고, 네가 나를 삼켜 너는 내가 될 거다. 좌절한다. 왜 나는 네가 아닐까, 너는 왜 내가 아닐까.

연애란 내가 너를, 네가 나를 삼키고 삼키다 가슴속 어딘가에 걸려 도로 토해내는 일 같은 것. 그럼에도 끊임없이 그러고 싶은 것. 하나가 되어 같은 시간에 같은 장소에서 같은 걸 보고 같은 맛을 느끼고 같은 통증을 느끼고 같은 환희를 느끼고 같은 생각을 하고 같은 추억을 가지고 싶은 것. 그렇게 찰싹 붙어 하나가 되고 싶은 것.

세 살 먹은 조카에게 이런 장난을 한 적 있다. 내 앞에 똑바로 앉혀놓고 눈을 쓰다듬고 내 입으로 호로록, 꿀꺽. 코를 슬쩍 만지곤 내 입으로 호로록, 꿀꺽. 입도, 귀도 그렇게 차례대로 호로록, 쓰읍, 꿀꺽. 아 맛있다! 포만의 표시로 배도 문질렀다. 아이는 방금 자기에게 무슨 일이 벌어졌는지 어리벙벙하다 내가 입맛을 다시며 배를 문지르자 내 가슴팍으로 풀썩 뛰어들더니 도로 내놓으라고 했다. 나는 최대한 눈을 커다랗게 뜨고 뻔뻔한 표정으로 "왜? 이제 다 내 건데?" 주장한다. 아이는 아니라고 자기 거라며 입을 아~ 벌리라고 한다. 내가 입을 꾹 다물고 도리질을 치자 난처한 표정을 지으며 울먹거린다. "그럼 내 걸 먹어." 했더니 싫다고 한다. 아! 나는 상처받았고 별수 없이 도로 뱉어내 아이의 얼굴에 차례대로 붙여주었다. 제 눈·코·입·귀를 되찾은 아이는 도망가 버렸다. 너도 그럴까. 내가 너를 먹으면 토해내라고 원망할까. 그래서 토해놓으면 주섬주섬 다 챙겨서 멀리 도망가 버릴까.

▷ 심장

심장 박동이 지나치게 격렬해서 갈비뼈를 뚫고 튀어나올 것 같다. 그렇게 튀어나온 심장은 빨간 하트 모양으로 힘껏 부풀어 오른 풍선 같아서 살짝 손만 대도 팡! 하고 터져버릴 것이다. 박동 소리는 늘 동일하지 않아서 두근두근, 툭탁툭탁, 콩닥콩닥, 콩콩, 쿵쿵, 쿵쾅쿵쾅… 여러 가지 모양새로 뛴다. 그리고… 아프다. 쑤신다. 딱따구리가 쿡쿡 쪼아대고 가시를 콕콕 박는다. 또한 심장에 파도가 치는 것처럼 울렁이고 일렁인다. 밀려온 파도가 해변의 자갈들을 쓸어내리는 소리와 비슷한 '차르르 차르르' 소리가 나기도 한다(직유법이 아니라 실제로 들린다면 '박동성 이명'일 수 있으니 이비인후과에 가보기 바란다). 그러다가도 심장이 통째로 날아간 것처럼 뻥 뚫리곤 하는데 뚫린 것 중에 가장 시원하지 않다. 아마도 세상에서 제일!

▷ 손가락

그를 스칠 때마다 스파크가 일어나며 그 충격으로 저릿하다. 그 전력이면 지구 한 바퀴를 돌고도 남아 우주까지 날아갈 수 있을 것 같다. 눈이 아닌 손으로 그를 보고 싶다. 손가락이 점점 길어지고 손톱 자리에 눈이 달린다. 너를 만져 너에 닿고 싶다.

▷ 코

오랜 세월이 흘러도 절대 잊지 못할 단 하나. 너의 살 냄새, 날숨 냄새…. 맡을 때 내 영혼은 코에 있었다. 고대 로마에서는 사느냐 죽느냐의 순간을 그렇게 표현했다고 한다. "내 영혼이 코에 있었다." 안으로 들어오는 그의 숨결, 밖으로 나가는 나의 숨결. 나는 그의 들숨이 되고 싶었다. 코는 단연코 사랑에 있어 최후의 감각기관.

▷ 배

허파, 심장, 간, 쓸개, 췌장, 위, 대장, 소장, 신장 등이 모두 사라지고 텅 비어 그곳에서 나비, 혹은 나방이 일제히 날아오른다. 아마 여든여덟 마리쯤? 뫼비우스의 띠 모양을 닮은 숫자 8이 두 개 겹친 88은 번영, 번창을 상징한다. 나의 사랑이 부디 그러할 수 있기를!

▷ 다리

감미로운 공기가 내 두 다리를 떠받쳐 실어 나른다. 이따금 무릎에 풀썩 힘이 빠지거나 오금이 짜릿하면서 현기증이 나기도 한다. 그러다 또 갑자기 에너지가 넘쳐서 동네를 전속력으로 질주하거나 20층 아파트 계단을 뛰어 올라가는데 전혀 지치지 않는다.

▷ 우주

태양계의 중심에 유일하게 존재했던 '나'라는 항성이 너를 사랑함으로 중력을 잃어버리고 빛도 잃어버리고 떠돌이별이 된다. 네가 나의 유일한 항성이고 나는 너의 강력한 인력에 이끌려 주위를 돈다.

아! 그러나 어느 날, 너 또한 우주의 떠돌이별이라는 사실을 알아버렸지. 우주라는 차갑고 무한한 공간에 떠돌이별인 나와 또 다른 떠돌이별인 너 사이에 선이 이어져 여든아홉 번째 별자리가 되고 우주의 중심에 붙박인다. 우리는 스스로 빛을 낼 수 있고, 우리를 돌게 만든 땅별이 우리를 중심으로 돌기 시작한다.

이제는 더 이상 나를 포함해 그 무엇도 나를 함부로 하게 해서는 안 된다고 다짐한다. 나에게는 여전히 나의 유일한 항성인 네가 떠돌이별이 되면 안 되니까. 그러면 안 되니까. 이것이야말로 사랑의 가장 위대한 가르침이자 기적.

* **항성:** 천구 위에서 서로의 상대 위치를 바꾸지 아니하고 별자리를 구성하는 별. 스스로 빛을 내며 고유 운동을 한다.
* **떠돌이별(=행성):** 항성 주위를 돌면서 스스로 빛을 내지 못하는 천체
* 밤하늘의 공식적인 별자리는 여든여덟 개다.

▷ **꿈**

너와 함께 있으면 내가 제법 괜찮은 사람 같아. 점점 더 나은 내가 되고 싶어져. 그런 나를 너에게 선물하고 싶어. 곧 그렇게 될 수 있을 것 같아. 이것은 사랑의 두 번째 가르침이자

기적.

앞선 현상은 짧으면 6개월 길어야 30개월이면 사라진다. 사라지기 전에 기록하기 바란다. 사라질 즈음 꺼내서 읽어보기 바란다. 내가 그를 얼마나 사랑했는지. 그때 내 영혼이, 내 우주가 얼마나 빛이 났는지, 얼마나 예뻤는지.

또한 기억하기를…. 이 모든 감정과 현상은 일생에 고작해야 한두 번밖에 찾아오지 않으며 온 세상이 합심해 나에게 선사한 선물 상자라는 사실을. 아무리 뜨거웠던 사랑도 이별하고 세월이 지나면 잊힌다는 말, 믿지 마라. 그건 뜨겁기만 했던, 상처만 입은 연애 이야기다. 나를 성장시킨 사랑은 결코 잊을 수 없으며 먼 세월에 잃어버린 것 중에 가장 빛나는, 눈물겹도록 아름다운 것이 된다.

▷ 하나도 버리지 마라

황순원의 단편소설 『소나기』에는 소년이 소녀에게 들에 핀 꽃들의 이름을 가르쳐 주는 장면이 등장한다. 갈대꽃, 메밀꽃, 들국화, 싸리꽃, 도라지꽃, 마타리꽃, 등꽃, 칡꽃, 억새꽃…. 그런데 이 꽃들은 함께 필 수 없다. 초여름부터 늦가을까지 저마다 다른 속도로 피고 진다. 소년과 소녀가 만난 것은 어느 늦여름의 단 며칠, 그 많은 꽃 이름들은 소년이 소녀에게 보여준 것뿐 아니라 두고두고 보여주고 싶은 꽃들이었을지 모른다. 이중 소녀가 가는 대궁 끝에 작은 꽃들이 펼쳐진 모양새를 보고 "이 양산 같이 생긴 노란 꽃이 뭐지?" 하고 물은 꽃이 있다. 바로 마타리꽃이다. 소녀가 양산 받듯이 해 보이며 미소 짓자 소년이 한 움큼 꺾어와 싱싱한 꽃가지만 골라 소녀에게 건넨다. 이때 소녀가 했던 말. "하나도 버리지 마라." 이 장면이 마타리꽃의 꽃말을 알고 나면 뭉클하다. 바로 '잴 수 없는 사랑', '무한한 사랑'이다.

"하나도 버리지 마라." 사람은 사랑하고 사랑받은, 평생 단 한 번의 기억으로도 남은 생을 충만하게 살아갈 수 있다. 오늘도 먼 데서 나에게 보내는, 변함없는 축복을 느낄 수 있다. 그 힘으로 자신을 소중히 여기며 살아갈 수 있다. 사랑은… 있다. 그러니 하나도 버리지 마라.

나조차도 없었다

너, 참 예쁘다!
세상에 수많은 꽃이 있지만
내 눈에 들어온 건 너 하나,
그 이유는 말로 설명할 수가 없지
말로 다 할 수가 없지
내 눈에 들어온 건
세상에 오직 너 하나뿐,

나조차도 없었다.

127

다음 사랑은 나아질까

#사랑의 결정

'사춘기'

가운데 들어 있는 한자 춘春은 봄을 뜻한다. 글자대로 풀면 사춘기는 봄을 생각하는 시기라는 소리, 그런데 춘에는 '봄' 말고도 '남녀의 정'이라는 뜻이 들어 있다. 즉, 사춘기는 남녀가 서로를 생각하고 그리워하는 시기다. 이런 감정이 난생처음이기 때문에 특별하며 유일한 것, 유일하면서 전부인 것이 된다. 똑같은 감정을 다른 상대에게 다시 느낄 수 있으리라고 상상조차 할 수 없다. 그러니 얼마나 불안하랴. 세상에서 가장 특별하고 유일하고 전부인 것이 행여 사라져 버릴까 봐…. 꽃잎이 공기에 어떻게 휘날리는지, 구름의 그림자가 어떻게 드리워지는지 알아차리는 집중력과 관찰력을 가지고 상대의 표정 하나, 말투 하나, 몸짓 하나까지 살핀다. 그렇게 내 눈에 비치는 모습의 대부분 사랑스럽고, 또 대부분 불안하다.

그러나 우리가 첫사랑을 잊지 못하는 이유는 그래서가 아니다. 순수해서도 아니고, 첫 경험이어서도 아니다. 실패했기 때문이다. 그것도 아주 처절하고 절절하게. 과거의 못난 나에 대한 부끄러움과 함께 첫 번째 연인에 대한 죄책감이 따라붙는다. 뼈가 녹슬 망정 부끄러움과 죄책감은 반백이 되어도 녹슬지 않는다. 다음 사랑은 나아질까.

"우리가 태어날 때부터 사랑이 죄수처럼 우리 내부에 살고 있는 것이라고 상상할 수도 있다. 사랑이 해방되어 우리들 자신인 감옥을 부수고 나오는 데 성공하는 일은 가끔씩 일어난다. 마치 우리가 사랑을 내버려두기만 하면 사랑이 무엇을 줄 수 있을지를 우리에게 보여주려는 것처럼."✣

소설 속 '나'가 사랑을 '순수 소비', '아무것도 아닌 것을 위한' 낭비의 경제 체계 안으로 위치시킬 수 있었던 비결이 있었다.

"프란츠를 만나기 오래전부터 내 사랑이 해방을 준비하고 있었던 것 같다. 내가 그 한 가지 문제를 제기하고 그 문제에

✣ 모니카 마론, 『슬픈 짐승』, p25, 문학동네

대해 하나의 대답을 한 이후로 사람이 인생에서 놓쳐서 아쉬운 것은 오직 사랑뿐이라는 사실을 알게 된 이후로 내 사랑은 탈출로를 파고 있었음에 틀림없다. 프란츠를 처음 만났을 때 내 사랑은 자유를 얻었다. 처음부터 내가 무엇을 해야 할지를 내 사랑이 결정했다."✣

그러나 모두가 '사랑이 지배하도록 내버려 두는' 선택을 하지 못한다.

"그는 여름날 저녁 자신과 함께 걸었던 많은 여자를 생각했다. 자신의 손이 지금과 똑같이 부드럽게 머물렀던 다른 팔, 다른 머리카락, 다른 어깨와 다른 얼굴을 기억했다. 그러면서 그는 자신이 이미 경험한 것과 똑같은 행동을 다시 하고 있다는 사실을 깨달았다. 그에게 그 순간 일고 있는 감정은 소녀가 생각하는 것처럼 아름답다거나 사랑스럽다는 감정과는 약간 차이가 있었고 더 이상 새롭지도, 신선하지도 않았다."✣✣

소설 속 '그'는 지금 자기 곁에 있는 새로운 연인을 이전의 연인들보다 훨씬 더 사랑할 거라고 생각하다 끝내 두려움을 떨치지 못한다. "내가 한번 몰입한 뒤에는 반드시 싫증을 내게 된다는 것을 그녀에게 숨길 수가 없을 것이며, 그녀가 항상 꿈꾸는 그 첫 번째의 몰입을 능가하는 사랑의 연기를, 전혀 냉정

✣ 모니카 마론, 『슬픈 짐승』, p25, 문학동네

✣✣ 헤르만 헤세, 『헤세, 사랑이 지나간 순간들』, p20 , 문예출판사

해지지 않는 그러한 연기를 더는 해 보일 수 없음을 숨길 수가 없을 것이다. 그러면 나는 그녀가 놀라서 우는 모습을 보게 될 것이고, 나는 냉정해질 것이며, 그러한 상황을 참을 수 없게 될 것이다. 나는 그렇게 되는 순간을 두려워한다. 아니, 지금 이미 두려워하고 있다."✣

정도의 차이는 있지만 예외 없이 기로에 놓인다. 내가 무엇을 할지 나의 사랑이 결정하도록 내버려두거나, 내가 나를 숨길 수 없는 순간이 와서 상대가 실망하는 상황을 두려워하거나. 이때 파트너가 어떤 사람이고, 어떤 태도를 취하느냐에 따라 결과가 달라질 수 있다고 생각할 수도 있겠다. 영향이 없지 않지만 생각보다 비중이 크지 않다. 망설이는 시간을 조금 더 늘릴 뿐이고, 끝내 그 망설임을 끝내는 이 마법의 한마디를 하게 될 것이다. "나도 내가 왜 이러는지 모르겠지만…"

나도 내가 왜 이러는지 모른다. 아니, 사실은… 알고 있다. 앞서 두 편의 소설을 예로 들면 "사람이 인생에서 놓쳐서 아쉬운 것은 오직 사랑뿐이라는 사실을 알게 된 이후로"라거나 "그러한 상황을 참을 수 없게 될 것이다. 나는 그렇게 되는 순간을 두려워한다"를 예로 들 수 있다. 지금의 관계를 진전하거

✣ 헤르만 헤세, 『헤세, 사랑이 지나간 순간들』, p21 , 문예출판사

나 중단하거나, 선택할 수 있는 것은 둘 중 하나뿐. 우리가 하는 대부분의 선택은 동전의 앞뒷면을 걸고 공중으로 휘익 던졌다가 나오는 쪽으로 해도 미래가 크게 바뀌지 않는다. 모든 선택을 신중하게 할 필요가 없다는 소리다.

그렇지만 사랑은, 사랑은 다르다. 계속 앞으로 가거나, 여기서 멈추거나. 이를 결정하기 위해 한 번쯤은 동굴에 들어가야 한다. 그렇지 않으면 계속 1에서 6단계만 반복할 것이다. 참고로 최종 단계는 12이다.

계속 나아가거나 여기서 멈추거나

#사랑하기를 택한 영웅의 행보

신화학자 조지프 캠벨은 어느 민족의 영웅 신화든 일정한 형태의 순환 구조를 가지고 있다고 했다. 『천의 얼굴을 가진 영웅』이라는 책에서 「영웅의 모험」과 관련해 '모험에의 소명'으로 시작해 '사는 자유'로 끝나는 열여섯 단계를 추렸다. 이 내용은 감독 조지 루카스에게 영감을 주어 「스타워즈」 시리즈를 탄생시킨 것으로 유명하다. 또, 할리우드의 스토리 컨설턴트 크리스토퍼 보글러는 캠벨이 쓴 「영웅의 모험」을 참고해 스토리텔링에 적용하는 방법을 제시했는데 다음과 같다.

1. 일상세계를 사는 영웅이 소개된다
2. 모험으로 떠나는 소명을 받는다
3. 소명에 따르기를 주저하거나 거부한다
4. 정신적 스승을 만난다
5. 첫 관문을 무사히 통과해서 특별한 세계에 진입한다
6. 그곳에서 시험에 들어 협력자와 적대자를 만난다
7. 동굴 깊숙한 곳에 접근한다
8. 시련을 겪지만 이겨낸다
9. 보상을 받는다
10. 귀환 길에 오른다
11. 세 번째 관문을 건너며 부활을 경험하고 인격적으로 변모한다
12. 일상으로 돌아와 모험에서 얻은 보물과 교훈을 널리 나눈다

조지프 캠벨은 신화연구를 할 때 정신분석학자 칼 G. 융의 '집단무의식'을 참고했다. 이에 따라 집단 무의식과 인간의 무의식(꿈), 영웅 신화는 연결되어 있다. '프랙털'이기도 하다. 한 인간이 가진 무의식의 전체 구조(A)는 그가 속한 집단 무의식의 전체 구조(B)와 비슷하다(A=B). 한 집단이 가진 무의식의 전체 구조(B)는 전 세계 영웅 신화가 지닌 전체 구조(C)와 비슷하다(B=C). 고로 영웅 신화가 지닌 전체 구조(C)는 한 인간이 가진 무의식의 전체 구조(A)와 비슷하다(C=A).

그렇다면 인간의 무의식이 가장 주요하게 투사되는 사랑에도 「영웅의 모험」을 적용해볼 수 있겠다. 요즘 같은 세상에 아무것도 아닌 것을 위한 사랑을 하는 것만큼 영웅적인 행동이 있을까. 많은 연인이 1에서 시작해 6에서 멈춘다. 다른 연인을 찾아 다시 1에서 시작해 6에서 멈추기를 반복한다. 이런 경우 한 번이든 열 번이든 영웅의 모험을 마치지 못했기 때문에 영웅이 되지 못하고 보물과 교훈도 얻지 못한다. 1에서 6에 이르는 단계를 연애에 대입할 때 어떤 상황일지 쉽게 그릴 수 있으니 7에서부터 이야기를 해볼까 한다.

7. 동굴 깊숙한 곳에 접근한다

관계를 진전하거나 중단하거나. 기로에 놓였을 때 우리는 자기도 모르게 내면의 동굴 앞에 선다. 모두 동굴 깊숙이 들어가진 않는다. 그곳엔 '용'이 자고 있다. 동굴에 들어갈 때는 명심해야 한다. 내가 들어가는 바람에 깬 용에게 잡아먹힐 수도 있다고. 용의 정체는 '콤플렉스', '열등감', '약점', '상처' 등이다. 연인의 행동이나 말에 의도가 없다는 사실을 안 다 해도 자꾸만 당신의 그러한 점들을 상기시킨다면 무척 쓰릴 것이다. 이렇게 자꾸 용이 사는 동굴로 들어오게 만든다면 결단해야 한다. 용을 죽이든가, 용이 자는 동굴로 들어오게 하는 계기를 주는 연인과 헤어지든가. 그런데 당신에게 용과 대적할 수 있는 무기가 있던가?

반대로 연인이 동굴로 들어간 사실을 알았다면:

동굴에서 연인이 용과 대적하고 있는데 밖에서 “동굴에 들어간 사람은 나올 때까지 기다리면 된대” 하고 있다가는 연인이 용에게 잡아먹힐지 모른다. 검을 벼려 연인의 손에 쥐어줄 방도를 강구해야 한다(실제로 검을 줄 수 있는지 없는지는 다음 문제다). 최소한 동굴 밖에 쪼그려 앉아있기라도 해야 한다(그게 무슨 도움이 될지 따지는 것 역시 다음 문제다). 자기가 할 수 있는 게 없다면서 멀찌감치 떨어져 멀쩡히 제 볼 일 다 보고 다닌다면, 연인으로서 역할을 하지 않는 것이다.

여기서 끝날 수도 있다. 당연한 소리지만 여기서 멈추면 사랑이라는 스토리는 완성되지 않는다. 이것을 두고 사람들이 ‘이루지 못한 사랑’이라 말할 때, 나는 ‘하다 만 사랑’이라고 듣는다.

8. 시련을 겪지만 이겨낸다

사랑의 절정에 이르러서 꽁꽁 묻어둔 과거의 상처와 약점이 용의 부활처럼 홀연히 돌아오는 건 왜일까. 사랑하는 마음이 깊을수록 더할 것이다. 사랑 앞에서는 모든 것이 날것이 되고, 내가 나를 속일 수 없게 되어버리기 때문이다.

동굴에서 용과 싸우면서 점점 뚜렷해지고 확고해지는 유일한 의지, "아직은 더 그를 사랑하고 싶다" 이것이 당신이 가진 검이며, 그 검으로 용을 잠재운다.

무사히 동굴에서 나왔다. 동굴 앞에 쪼그려 앉아 당신을 기다리는 연인을 본다. 당신은 그가 섣불리 동굴 안으로 뛰어 들어오지 않은 것에 대해, 동굴 밖에서 얼른 나오라고 고함치지 않은 것에 대해, 고마움을 느낀다.

9. 보상을 받는다

연인이 보이지 않는데도 '우리의 사랑'이라는 궤도에서 한 순간도 이탈하지 않고, 기약 없이 기다린 행동이야말로 가장 믿을만한 사랑의 증표이다. 당신은 그를 사랑하겠다고 '결심'한다. 그는 당신에게 "내가 생각해봤는데, 네가 그렇게 힘들어 한다면 내가 조심할게"라고 '다짐'한다. '결심'과 '다짐', 그리고 '행동의 약속'. 이것이야말로 사랑의 시련이 주는 가장 큰 보상이다.

그러나 용은 아직 죽지 않았다. 당신의 동굴에는 당신의 용이, 그의 동굴에는 그의 용이 잠자고 있다. 당신과 당신의 연인은 막연하게 예감한다. 용을 무찌르지 않고는, 언제라도 다시 불안해질 수 있다고. 연인이 진정으로 행복하고, 성장하려면 그 용을 '함께' 다뤄야 한다고. 그러려면 그 용에 대한 지식과 정보가 필요하다고. 당신과 당신의 연인은 서로의 용에 대해 깊은 대화를 나누기 시작하며, 연인이 없을 때도 그 용의 퇴치 방법을 두고 골똘히 고민에 빠지고는 한다. 그때마다 연인에 대한 '연민'으로 가슴이 시린데 사랑에 빠졌을 당시에는 없던 감정이다.

연민은 연인 사이를 끈끈하게 붙여놓는 풀 같아서 상대를 공감하는 데 큰 역할을 한다. 동정이 '불쌍하다'라면 연민은 '짠하다'이다. 연민이 곧 사랑이라고 할 수는 없지만 연인에게 연민을 느끼지 않는 사랑이 있을까.

그렇게 당신과 당신의 연인이 서로를 '알아 간다'. 알아 갈수록 상대에 대해 모호했던 '사랑'이라는 감정이 두툼한 질감을 갖추어간다. 서로가 서로에게 깊이 스며들며 이제야 비로소 "사랑한다".

10. 귀환 길에 오른다

일상을 살던 사람이 다른 한 사람을 만나 함께 시련을 이겨내는 동안 잠재된 영웅의 자질이 깨어난다. 한 인간이 자기라는 멍에를 스스로 내려놓고, 타인을 사랑하기로 결심하고, 다짐하고, 행동으로 옮기는 것. 나는 이보다 더 훌륭한 영웅의 자질을 알지 못한다. 그런 두 사람의 마음이 일치해 너는 너인 동시에 나이고, 나는 나인 동시에 너인 승리의 나날이 찬란한 매일로 이어진다. 분명히 그런데… 틀림없이 맞는데… 근거 없이 불안하다. 미세하게 실금이 간 유리구슬을 두 손에 아슬아슬하게 떠받치며 들고 다니는 기분이랄까. 그래도 어떠랴, 막상 그의 얼굴을 두 눈에 꽉 차도록 담고, 맞잡은 손에서 전해오는 체온을 실감하면 그런 불안감조차 달곰하다. 우리는 함께 보고, 듣고, 만지고, 맛보고, 느끼고, 웃고, 사랑한다.

11. 세 번째 관문을 건너며 부활을 경험하고 인격적으로 변모한다

안타깝게도 관계는 사랑만 가지고 발전하지 못한다. 무찌른 줄 알았던 적대자들이 더 강력한 모습으로 등장한다. 대부분 '현실의 장벽'과 '가치관의 차이'다. 많은 연인이 이 앞에서 세상에 유일했던 둘만의 결속을 포기한다. 그렇다. '포기한다'라거나 '항복한다'라는 표현이 옳으리라. '너무 사랑해서 이별한다'라는 말도 이때 나온다. 어떤 이들은 "사랑해서 이별한다는 말은 거짓이다. 그만큼 사랑하지 않기 때문"이라고 하는데 틀리지도 않고, 맞지도 않다. 사랑해서 이별하는 연인도 세상에는 있다. 그렇지만 남발하지 말아야 한다. 순전히 저의 연약함과 의지 부족으로 헤어져놓고 사랑해서 이별한다는 둥 그럴싸하게 포장하는 자는 '몰염치'하다.

다시 한 번 당연한 이야기로, 여기서 멈추면 사랑이라는 스토리는 완성되지 않는다. 아직 지치면 안 된다. 영웅의 모험이지 않은가. 사랑이라는 모험에 등장하는 영웅들은 다음과 같은 행보를 자신들의 의지로 선택한다.

'현실의 장벽'을 불운이라고, '가치관의 차이' 등을 상대의 잘못이나 결함이라고 여기지 않는다. 이들은 현실의 장벽이나 가치관의 차이 등을 공공의 적대자로 간주하고 함께 무찌를 방법을 모색한다. 동굴에 들어가기 전에 적대자를 맞닥뜨렸을 때는 자기를 보호하는 게 우선이었다. 이제는 '사랑하는 우리'라는 관계를 보호하기 위해 용감히 맞서 싸운다. 이 과정에서 자기 안의 강인함과 선함을 실감하고, 연인에 대한 지식과 예측성을 획득한다. 이는 단순히 사랑이라는 감정에 빠지는 것만으로는 저절로 생기지 않는, 실질적인 열매이자 심리적 '붉은 실'이라 할 수 있다.

운명의 상대끼리는 (중국 신화에서는) 발목에, (일본 신화에서는) 손가락에 묶인 '운명의 붉은 실'로 연결돼 있어 반드시 맺어진다고 한다. 얼마나 낭만적인가. 그러나 이만큼 살아보면

“맺어지는 거? 신기하기는 하지만 대수인가, 잘 사느냐가 중요하지.” 이렇게 되고 만다. ‘운명의 붉은 실’은 걸핏하면 가문끼리 원수가 돼서 죽이네 살리네 하고, 하필이면 그런 가문의 자제들이 사랑에 빠지고, 어쩌다 멀리 떨어지면 물리적인 거리를 도저히 넘을 수 없던, 휴대전화도, 인터넷도 없던 시대에 한정이다. 일단 만나는 자체가 얼마나 힘들었겠는가. 지금은 21세기, ‘운명의 붉은 실’을 달리 해석할 필요가 있다. 사랑은 자의적인 선택이며, 11단계까지 와야 비로소 운명의 붉은 실이 연결된다. 앞서 실질적 열매이자 심리적 ‘붉은 실’이라 쓴 것은 그런 의미에서이다. 이 붉은 실은 두 사람의 관계에 어떤 선물이 되어줄까.

시카고대학교 프리츠커 의과대학 뇌역학 연구소 소장 스테파니 카치오프가 사랑에 빠진 이들의 뇌를 f-MRI(기능적 자기공명영상)으로 깊이 들여다보는 ‘러브 머신’이라는 실험을 했고 결과는 이러했다.

“나는 사랑하는 커플의 심리적 연결이 서로의 행동을 예측하는 데 도움이 되는지를 알고 싶었다. 예상대로 사람들은 전혀 모르는 이보다 사랑하는 사람의 의도를 훨씬 더 잘 읽어냈다. 그뿐만 아니라 사랑이 깊을수록 예측은 더 빠르고 정확해졌다. (중략) 하지만 나는 이런 현상이 정말로 사랑 덕분인지,

아니면 그냥 단순히 누군가를 아주 잘 안다는 익숙함 때문인지 궁금했다. (중략) 이 질문에 대한 답을 찾기 위해 나는 연구에 참가한 사람에게 전혀 모르는 사람의 행동을 수십 번 보여주고 익숙해지도록 했다. 하지만 그런 노출은 상대가 무슨 행동을 할지 예측하는 능력에 영향을 미치지 못했다. 즉, 사랑에 빠진 사람들이 누리는 특혜는 익숙함이 아니라 사랑 덕분이었다는 것이 증명되었다."✣

서로의 행동을 예측하는 능력은 연인을 보호하고, 관계를 위협하는 외부적 요인을 감지하는 데 도움이 되었을 것이다. 붉은 실로 묶인 연인은 멀리 떨어져 있어도 서로를 감지한다. 감시가 아니라 감지다.

12. 일상으로 돌아와 모험에서 얻은 보물과 교훈을 널리 나눈다.

사랑이 모든 것이라고 난 그렇게 말할 수 없다. 음식도 필요하고 잠자리도 필요하고 일자리도 필요하고 친구도 필요하고 혼자 있는 시간도 필요하다. 그러나 사랑의 모험을 11단계까지 마치고 함께 일상으로 돌아왔을 때 나는 예전의 내가 아니다. 이전보다 진화한 나이다.

✣ 스테파니 카치오포, 『우리가 사랑에 빠질 수밖에 없는 이유』, p174~175, 생각의힘

내 눈에 사랑하는 사람의 눈이 더해져 인식이 확장된다. 네 개의 눈으로 세상을 본다! 네 개의 팔, 네 개의 다리가 되었으니 많은 일을 실현할 수 있다. 아니, 네 개가 아니라 여덟 개씩일지 모른다. 함께 있지 않을 때도 네 개의 팔, 네 개의 다리가 있는 것처럼 힘이 나고, 상대 또한 그러하니 말이다. 사랑만으로 살 수 없지만 사랑 없이 살 수도 없다. 사랑이 영혼에 '너는 아름답고 소중한 존재'라고 각인해두었으니 아무리 혹독한 지경에 이르더라도 자기를 버리지 않는다. 세상이나 타인에게서 쉽게 등을 돌리는 선택을 하지 않는다. 사랑은 이처럼 자신감과 자존감 형성에 결정적인 역할을 한다. 또한 이전과 달리 세상과 사람을 대하는 태도에 그간 터득한 사랑의 기술이 배어 있다.

"만일 내가 참으로 한 사람을 사랑한다면 나는 모든 사람을 사랑하고 세계를 사랑하고 삶을 사랑하게 된다. 만일 내가 어떤 사람에게 '나는 당신을 사랑한다'고 말할 수 있다면 '나는 당신을 통해 모든 사람을 사랑하고 당신을 통해 세계를 사랑하고 당신을 통해 나 자신도 사랑한다'고 말할 수 있어야 한다."✣

나와 남, 내부와 외부의 경계가 사라진다. 매 순간 살아있음

✣ 에리히 프롬, 『사랑의 기술』, p75. 문예출판사

을 느끼고, 평안하다.

번외)

오랜 커플이나 부부가 숱한 우여곡절을 함께 넘고서도 위기를 맞는 경우가 있다. 쾌락의 호르몬인 도파민과 열정의 호르몬인 페닐에틸아민의 사랑을 경험했고, 안정의 호르몬인 옥시토신의 사랑이라는 변곡점까지 무사히 통과했는데 찾아온 뒤에 오는 위기는 '사랑'의 문제라기보다 '성장'의 문제인 경우가 많다. 만나고 오랜 시간이 흘렀는데 나한테 아무 성장이 없고 백날 똑같다는 느낌이 들 때, 오히려 퇴보했다는 느낌이 얼음물처럼 등줄기를 서늘하게 타고 흐를 때, 파트너 또한 그렇게 보일 때, 내 인생이, 우리 인생이 이렇게 끝나는 건가 싶을 때, 사랑이 일순간 덧없고 무의미하게 느껴진다. 그래서 이런 의심이 들고 마는 것이다.

우리가 정말 사랑했을까. 사랑에 빠졌던 흔적을 가지고 지금까지 버티는 게 아닐까. 아니, 분명히 사랑했어. 그건 사랑이었어. 그렇다면 우리, 사랑하는 방법을 몰랐던 걸까. 내가 그에게, 그가 나에게 준 것은 사랑이 아니라 사탕이었을까. 그래서 자꾸 썩어가고 있을까.

한 남자가 한 여자에게 청혼하면서 내민 것은 반지 대신 레몬나무였습니다.
남자가 말했습니다.
"우리 이 레몬나무를 함께 기르자."
레몬나무를 오래 기르려면 땅이 필요했습니다.
그들은 아직 너무 젊었고, 젊어서 가난했고,
가난해서 집이 없었고, 집이 없어서 마당도 없었죠.
당연히 레몬나무도 심을 수 없었습니다.
청춘남녀는 레몬나무 화분을 꼬옥 끌어안고 무작정 기차에 오릅니다.

로마에서 멀리 떨어진, 시칠리아로 가는 기차표를 끊었어요.
그곳이 그들이 생각한,
이탈리아에서 제일 아름다운 마을이었으니까요.
그리고는 아직은 작은, 레몬나무가 무사히 자랄 수 있는
장소를 골라 심었습니다.

커플은 부부가 되었고 거의 해마다 레몬나무를 만나러
시칠리아를 여행했습니다.
사는 게 녹록지 않아 거른 해도 몇 번 있었어요.
그렇게 40여 년이 흘렀습니다.
올여름에도 시칠리아를 여행할 거라고 했습니다.
레몬나무는 봄에는 향기로운 꽃이 피고,
여름에는 주먹보다 커다란 레몬이 주렁주렁 열린다죠.
레몬을 따서 집에 돌아와 레몬청을 담갔습니다.
그리곤 레몬나무를 심었을 때 자기들보다
더 나이 먹은 아들, 딸에게, 이웃과 친구들에게 선물했습니다.
레모네이드를 마시면서 중년의 부부는 어떤 말을 나눌까요.
어쩌면 아무 말 없이 서로 손을 꼬옥 잡아주거나
다정하게 손등을 쓰다듬을지도 모르겠습니다.
무슨 말이 필요하겠어요.
굽이굽이 울퉁불퉁한 세월을 자신과 함께 통과해준

배우자를 바라보는 눈빛에는
신뢰와 존경심, 감사함, 그리고 애틋함이 담겨 있습니다.
소설이나 영화보다 낭만적인,
내게는 전투에서 승리한 전사 같은
이 이탈리아 부부의 이야기를 들으며 궁금했습니다.
세상에 하나밖에 없는 약속에 꽃이 피고 열매를 맺게 한
비결은 무엇이었을까.

그것은
사랑, 사랑, 사랑.

아무리 생각해도 그것은,

사랑, 사랑, 사랑. 이라고 할 수밖에요.

사랑에 공식이 있다면

#친밀감, 열정 그리고 헌신

세상에서 가장 유명한 단어는 '엄마'와 더불어 '사랑'이다. 나라마다 다른 언어, 설령 전 세계 인구 80억 명 전부 제각각 다른 언어를 쓴다 해도 '사랑'은 '사랑'이다. 언어의 장벽에 가로막혔다고 내가 전하려고 하는 '사랑'이라는 감정을 다른 말로 표현할 수는 없다. 예를 들어 알랭 드 보통이 『왜 나는 너를 사랑하는가』에서 표현한 것처럼 "나는 당신을 마시멜로우해" 한다 해도 그것은 '사랑'이다. '사랑'은 그 자체로 완전하다. 그래서 "나는 당신을 사랑합니다"라는 말은 완벽한 고백이다. 다른 무엇을 덧대거나 꾸밀 필요 없이.

그러나 우리는 그럴 수 없다. 벅찬 마음과 다르게 '사랑'이라고 입 밖으로 나오는 순간, 그 두 글자의 하염없이 가벼운 존재감을 느껴본 적 있는가. 꼭 풀피리 같다고 여긴 적도 있다. 몇 번 불면 헤져서 더 이상 소리 나지 않고, 바람결에 휘이 날리면 그만이다. 계속 풀피리를 불고 싶다면 옆에 널린 다른 풀을 골라서 뽑아 들면 된다. 그처럼 사랑이라는 단어가 나의 너를 향한 이 마음을 온전히 감당할 수 있을 만큼 견고하지도, 믿음직스러워 보이지도 않는다. 그래서 세상에 수많은 소설과 시, 음악과 노래들이 탄생하는 거겠지만….

'사랑'은 그 자체로 완전하지만 내 사랑은 너의 사랑과 같지 않다. 서로의 존재를 꾹꾹 가슴에 눌러 담으며 눈부시게 "사랑해"라고 할 때, 그 사랑이 꼭 같은 줄 알았지만 우리가 서로를 알지 못한 채 짧게는 십수 년, 보통은 수십 년 동안 살아온 삶의 궤적이 다르기에 그 말은 같지 않다. 가치관이 다르다면 더 말할 것도 없다. 세상에서 가장 유명하고 완전한 말, '사랑'이 수상쩍은 기호가 되어버린다. "내가 느끼는 이 감정이 사랑일까?", "나를 사랑한다는데 정말일까?", "우리가 정말로 사랑했을까?" 심지어 이런 원망도 한다. "나를 사랑한다면서 어떻게 그럴 수가 있어?", "그런 것도 사랑이냐?"

사랑에 공식이 있다면 대입해서 사랑인지 아닌지 알고 싶다. 너무 쉽게, 혹은 너무 어렵게 사랑을 생각하는 사람들에게 필요하다. 이런 바람을 설마 나만 가졌을 리가…. '사랑의 삼각형' 이론이 있다. 사각형도 아니고 원도 아니고 삼각형이다. 내가 너에게 '사랑한다'고 할 때 '사랑'을 도형으로 그려보라면 마음이야 진실하게 어느 한 군데 이 빠짐 없는 완벽한 '원'이고 싶지만 실상은 삼각형이란다. 삼각형은 꼭짓점 세 개만 있으면 되지만 면적, 높이, 빗변, 각도 등을 달리할 때 가장 다양하게 변화할 수 있는 도형이다.

사랑의 삼각형을 이루는 세 개의 꼭짓점은 무엇일까. 미국의 심리학자 로버트 J. 스턴버그가 1986년에 발표한 '사랑의 삼각형' 이론에 따르면 '친밀감Intimacy', '열정Passion', '헌신Commitment'이다. 명쾌하다. '친밀감', '열정', '헌신'. 셋 중 하나라도 없으면 사랑이 아니다. 그러면 더 이상 삼각형이 될 수 없으니까. 그냥 밋밋한 직선일 뿐이니까. '친밀감', '열정', '헌신', 셋 중 하나가 없다면 세 발 다리 의자에서 다리 한 개를 빼고 앉으려 하는 거나 마찬가지다. 그 채로 앉으면 의자는 부서지고, 앉은 사람도 엉덩방아 찧고 말 거다(고관절 골절이라는 치명적인 사고로 이어질 수 있다).

로버트 J. 스턴버그는 각각의 감정이 구체적으로 어떤 감정인지도 설명했다. 정리하면 다음과 같다.

친밀감 = 신뢰, 보살핌, 연민, 소통, 이해, 공감, 유대감이 혼합된 감정

열정 = 흥분, 에너지, 열광, 상대방에게 불가항력적으로 끌리는 감정

헌신 = 무슨 일이 있더라도 관계를 오랫동안, 아마도 영원히 지속하기로 한 결정

같은 어휘를 우리말 사전에서 찾아보았다.

친밀감: 지내는 사이가 매우 친하고 가까운 느낌

열정: 어떤 일에 열렬한 애정을 가지고 열중하는 마음

헌신: 몸과 마음을 바쳐 있는 힘을 다함

심리학자의 풀이가 보다 구체적이기는 하다. 사실, 요즘 세상에 타인과 '친밀감', '열정', '헌신' 이 중 한 개만 주고받을 수 있어도 남다른 관계라 할 수 있을 것 같다. 실제로 그것만 가지고 '사랑'이라고 말하는 이들도 적지 않다. 그렇지만 로버트 J. 스턴버그에 따르면 이러하다.

친밀감만 있으면 호감

열정만 있으면 도취

헌신만 있으면 공허한 사랑

두 개 있으면 어떨까.

친밀감과 열정이 있는데 헌신이 없으면 낭만적 사랑

친밀감과 헌신이 있는데 열정이 없으면 동반자적 사랑

열정과 헌신이 있는데 친밀감이 없으면 어리석은 사랑

주위의 많은 사례가 떠오른다. 나의 지난날 사랑도. 짝사랑은 친밀감이 허락되지 않은 어리석은 사랑이었고, 첫사랑은 헌신을 기약하지 못한 낭만적 사랑이었다. 서로에게 데면데면한 커플이나 부부는 동반자적 사랑을 연상시킨다.

그런데 앞서 사랑은 그 자체로 완전하다고 했다. 이 믿음은 나에게 변함없다. 사랑 앞에 수식어를 붙이면 도리어 사랑의 불완전함을 강조하는 느낌이다. 공허한 사랑, 낭만적 사랑, 동반자적 사랑, 어리석은 사랑… '사랑' 이라고 부르지만 사랑이 아니라는 소리로 들린다. 한 개가 부서진 세 발 의자에 앉으려 하는 셈이다. 로버트 J. 스턴버그는 말한다. 친밀감과 열정, 헌신을 모두 갖추어야 완전하고 성숙한 사랑이라고.

당연히, 사랑은 변한다

#세 개의 꼭짓점을 기준으로

다시 말하지만 사랑의 3요소가 아니라 사랑의 '삼각형'이다. 가장 단순하지만 가장 다양하게 변화할 수 있는 도형인 삼각형. 완벽한 삼위일체로 정삼각형을 이루는지는 중요하지 않다. 사람마다 친밀감, 열정, 헌신 중에 무엇을 더 중요하게 여기는지 다르니까. 누구는 친밀감을 더, 누구는 열정을 더, 또 누구는 헌신을 더, 하는 식으로 저마다 그리는 사랑의 삼각형이 다르다. 그렇지만 비슷한 시기에 두 사람이 그리는 '사랑의 삼각형' 모양이 닮은꼴일수록 행복한 커플이 될 확률이 높아진다고 한다.

사랑의 삼각형은 시간의 흐름이나 나이에 따라서도 변화

한다. 대부분 없던 친밀감이 생기고, 열정이 커지고, 헌신이 높아지면서 사랑이 달아오르는 식이다. 최고점에 다다른 후에 점근선을 그리다가 처음에 느꼈던 그 감정에는 결코 다시 도달하지 못한다. 친밀감이나 열정이 사라진다는 의미가 아니다. 그저 관계를 시작할 때보다 낮아지는 것뿐이다. 이때 관계를 가름하는 꼭짓점이 '헌신'이다.

성공적인 관계에서는 친밀감이나 열정이 낮아져도 헌신이 점점 높아지지만 실패한 관계에서는 헌신이 완전히 사라진다. 세발 다리 의자에서 다리 두 개가 흔들거려도 헌신이라는 다리가 튼튼하게 버텨준다면 두 사람은 여전히 사랑하는 관계라고 할 수 있다. 사랑의 삼각형은 세 개의 꼭짓점을 기준으로 계속 변화한다. 그런데 친밀감이나 열정이 완전히 사라져 버리고 헌신만 남는다면… 앞서 썼다. '공허한 사랑'이라고. 모양이 어떻게 생기든 친밀감, 열정, 헌신. 이 세 개의 꼭짓점을 가져야 사랑의 삼각형이다. 사탕 말고 사랑! 그런데 현대인이 가장 취약한 부분이 바로 그 '헌신'이기도 하다(헌신에 대해서는 뒤에서 더 다루기로 한다).

사랑은 결코 모호한 감정이 아니다. 지난 수십 년간 세계의 많은 정신분석학자, 심리학자들이 사랑에 대해서 연구했고, 어떻게 시작해서 변화하고 이별하는지 또 어떻게 행복한 커플이 되는지 등에 대해 연구했다. 당연하다. 사랑이야말로 우리의 단 한 번뿐인 삶을 의미 있게도, 의미 없게도 만드는, 유일하고 결정적인 요소니까. 그에 대한 연구나 저서 등을 '지식'이라고 해보자. 방금 '친밀감, 열정, 헌신을 모두 갖춰야 사랑'이라는 점과 '사랑의 형태는 계속 변화하며, 변화한다고 사랑이 변한 것이 아니'라는 지식을 습득했다. 사랑이 무엇인지 조금은 명확해졌고, 또한 관계가 변화할 때, 괜한 걱정을 하지 않아도 된다는 사실을 알았을 것이다.

흔히 인연이 아니라서 헤어졌다고 하지만, 돌이켜보면 둘에게 닥친 문제에 제대로 대처하지 못한 잘못이 크다. 조금만 시간이 흘러도 우리가 이별한 사실 그 자체보다 이별까지 이르게 한 문제에 현명하게 대처하지 못한 자신이 부끄럽고, 이제는 더 이상 볼 수 없는 상대에게 미안하다.

'사랑의 삼각형'은 사랑을 구조적으로 이해하고 안정적인 관계를 꾸려갈 수 있도록 도와줄 수 있다. 사랑은 '친밀감', '열정', '헌신' 중에 하나만 가지고 버틸 수 있는 게 아니다. 또 저절로 만들어지지 않는다. 할 수 있는 사람이 할 수 있다. 교육수준하고는 아무 상관없다. 경제적인 여건과는 관계가 있다. 이러한 얘기들은 앞으로 다가올 사랑을 위해 우리가 어떠한 심성과 의지를 지녀야 하고, 어떤 사람을 사랑해야 하는지 알려준다.

만남은 우연일지 몰라도 그 만남을 운명으로 가져갈지는 오로지 둘의 선택과 의지에 달렸다. 그래서 사랑이 이토록 아름다울 수 있다. 외부에서 수동적으로 주어지지 않고 두 사람의 선택과 의지가 똑같이 활동해서 이전에도 이후에도 없을, 둘만의 일상과 삶을 창조하니까.

또 그 형태는 계속 변화한다. 그 변화가 관계의 허를 찌르지만 변화를 피할 수 없다는 점을 인지하고 사랑의 삼각형을 닮은꼴로 맞추어간다면 우리의 최후에 남을, 단 하나의 후회를 막아줄 수 있을 것이다.

"누군가를 나의 사랑으로 기쁘게 해준 적이 있을까?"

"아! 왜 나는 평생 진실로 사랑하지 못했을까."

사랑했지만 사랑하지 못한 사람들… 마지막으로 그릴 존재는 그들뿐일 거라고 예감한다. 부디, 사랑해서 마음껏 사랑한 추억들로 평안하길 바란다. 그러기 위해서라도 우리에겐 사랑의 지식을 익히는 것이 필요하다. 사랑이라는 모험에 '지도'가 되어줄 수 있으니 말이다.

생의 마지막 순간에 이르러 자기가 걸어 온 길을 되돌아 볼 때, 가장 가치 있는 단 하나의 질문은
“나는 누구를 얼마나 사랑했는가?” 하는 것이다.

_리처드 바크

무엇이 우리의 삶을 증명할 것인가? 작품인가, 예술인가, 이름인가?
아니다. 그렇지 않다. 오직 사랑만이 우리를 증명해줄 뿐이다.
우리들 생애의 저녁에 이르렀을 때
우리는 얼마나 사랑했는가를 놓고 심판받을 것이다.

_알베르 카뮈

그대는 이 세상에서 원하는 것을 얻었는가?
그렇습니다.
그대는 무엇을 원했는가?
나 자신을 사랑하고
세상 사람들에게 사랑받는 것입니다.

_레이먼드 카버, 「마지막 조각글」

사랑은 감정이 아니라 활동이다

#사랑의 기술

한국 속담은 세상과 인간의 진실을 송곳처럼 꿰뚫어 단 한 줄로 절묘하게 표현한다. 내 뒤통수를 냅다 갈긴 속담이 있다. "짚신도 짝이 있다." 아직 파트너를 만나지 못한 사람을 위로하는 뜻으로 짐작하는 이들이 많을 것 같다.

"걱정하지 마. 너한테도 좋은 짝이 나타날 거야. 짚신도 다 짝이 있다고 하잖아."

그런데 짚신은 오른쪽 왼쪽 짝을 따로 지어 켤레pair로 만드는 게 아니라 똑같이 지어서 두 개씩 묶을 뿐이다. 오른쪽 왼쪽 따로 구분 없어서 크기만 맞으면 아무거나 두 개 집어서 신으면 된다. 결론적으로, 짚신만큼 짝 찾기 쉬운 것도 없다. 이 사실을 알았을 때 가격당한 뒤통수를 쓰다듬으며 머쓱하게 웃었다. 독수공방하는 처녀 총각들에게 하는 반어법이 아니었을까 싶은 서늘한 충격으로 말이다. '짚신도 짝이 있다'라는 속담은 『사랑의 기술』과 통한다.

에리히 프롬이 저술한 『사랑의 기술』의 원제는 『The Art of Loving』, 책의 주제를 압축해 전달한다. 여기서 'Art'는 자연의 반대말로 인위적으로 노력해야 획득할 수 있는 것을 대표한다. 신이 창조한 것이 자연이라면 인간이 창조한 것은 예술. 그러나 기술을 단련하지 않고는 예술에 도달할 수 없다. 또 사랑이 추상명사 'Love'가 아니라 현재진행형 동사 'Loving'이라는 점에 주목하자. 사랑은 '즐거운 감정'이 아니라 '현재 일어나는 활동', 운동선수가 하루도 거르지 않고 연습하는 것처럼 사랑도 몸을 움직여 행동하는 것이라는 의미다.

'활동'은 프롬이 여러 차례 강조한 개념이다. "사랑은 수동적 감정이 아니라 활동이다. 사랑은 '참여하는 것'이지 '빠지는 것'이 아니다. 가장 일반적인 방식으로 사랑의 능동적인 성격을 말한다면 사랑은 본래 주는 것이지 받는 것이 아니라고 설명할 수 있다."[✣] 이 문장에서 '수동적 감정'은 '사랑받는 것'에

✣ 에리히 프롬, 『사랑의 기술』, p42, 문예출판사

해당한다. 이미 사랑받고 있으므로 그대로 있기만 하면 된다. 태어난 지 얼마 되지 않은 유아를 상상하면 되겠다.

많은 사람이 무조건적인 사랑을 받기를 갈망하지만 여기에는 치명적인 결함이 있다. 바로 인간의 본성인 '자율성'과 '능동성'을 훼손한다는 점이다. 사람은 스스로 선택·결정하고, 이를 이루기 위해 '활동'하는 과정에서 커다란 기쁨과 충만함을 느낀다. 이러한 감정이 없을 때는 바윗돌 같던 것들을 가뿐히 지고 갈 수 있다.

사랑한다는 것은 나에게 있는 것이 아니라 없는 것을 주는 것이다. 사랑을 하기 전에 내 안에 사랑이 있었던가? 한 사람을 만나 내게 없던 것이 생겼다. 없던 열정, 없던 관찰력과 집중력, 자상함, 없던 책임감과 의무감, 심지어 체력과 시간까지도… 하늘에서 사랑의 씨앗이 비처럼 내려 내 안에 없던 것들이 무럭무럭 자란다. 나에게 새로 생긴 것들을 다 주고 싶어 머리카락부터 발톱까지 근질근질하다. 받기만 할 때는 할 수 없는 경험이고 느낄 수 없는 생명력이며 자유이다. 사랑을 받기만 하는 자에게는 생기지 않는 환희다.

그러나 감정이나 의욕만으로 사랑이라는 활동Loving을 지속할 수 없다. 이 대목에서 잘 맞는 상대를 만나면 문제없이 저절로 풀릴 수 있을 거라고 여길 수 있다. 이런 생각은 피아노를 연주할 줄 모르면서 피아니스트가 되려 하는 거나 마찬가지다. 난생처음 피아노를 보자마자 쇼팽의 피아노 소나타 3번을 연주하기는 절대 불가능하다. 간혹 폴 매카트니 같은 천재가 있어 피아노를 얼마간 가지고 놀다 저절로 음계를 깨치기도 한다. 그렇다 해도 곧장 쇼팽의 피아노 소나타 3번을 연주하기란 불가능하다.[✣]

사랑도 다르지 않아 '기술Art' 습득이 필요하지만 '대상'을 잘 만나기만 하면 문제없을 거라고 생각한다. "'사랑한다'는 것은 쉬운 일이고, 사랑할 또는 사랑받을 올바른 대상을 발견하기가 어려울 뿐이라고 사람들은 생각한다."[✣✣] 에리히 프롬의 말은 '사랑하고 싶어도 그럴만한 상대가 없어서 못한다'고 푸념하는 사람들을 저격하는 데 의도가 있지 않다. 사랑을 하고 싶다면서 정작 사랑에 대한 이론적 지식, 실천의 기술 등을 전혀 배우려 하지 않는 태도를 안타까워하는 것이다.

그가 이론과 실천의 습득과 더불어 강조한 세 번째 요소는 '기술 숙달이 궁극적인 관심사가 되는 것'이다. 한 분야의 장인이 가진 철학과 흡사하다. 내가 존경하는 장인들은 같은 일을 매일 반세기 넘게 하고서도 한결같이 이와 같은 말을 했다.

✣ 유튜브「Seong-Jin Cho-Chopin Piano Sonata No. 3 in B Minor, Op. 58 (20180723 Verbier Festival)」(https://youtu.be/l1uOYMei7Uo) 참고

✣✣ 에리히 프롬, 『사랑의 기술』, p14, 문예출판사

"이제야 조금 이해하기 시작했어(장 오귀스트 르누아르)."

나는 거장의 겸손으로 듣지 않는다. 정말로 그렇게 느꼈을 것이다. 그 덕에 매일 해도 새롭고, 흥미롭고, 지치지 않을 수 있다.

예술의 속성은 사랑과 닮았다. 내가 있고, 악기가 있고, 내가 악기를 연주함으로써 소리가 나온다. 그 소리는 내 안에도, 악기 안에도 없었다. 내가 익힌 기술과 악기가 합일해 전혀 다른 차원의 세계로 날아오른다. 또 온몸으로 연주를 익힌 사람은 비록 쇼팽의 피아노 소나타 3번을 완주하진 못한다 해도 지식과 기술만큼은 영구히 지닌다. 연주하고 싶을 때 다시 피아노를 연주할 수 있다. 사랑이 바로 그 연주와 같다. 이제, 질문이 남는다.

"나는 사랑을 연주할 수 있는가?"

너를 알고 나는 귀가 되고 싶어졌다

눈이 내리는 소리를 들었다. 시에서 묘사하는 것처럼 정답거나 고요하지 않았다. 최첨단 음향센서를 동원해 탐지한 눈 내리는 소리는 웅웅… 땡그랑… 웅웅… 땡그랑…. 제법 요란했다. 눈 결정은 거미줄처럼 투명한 육각형 구조이며 완벽한 대칭구조를 이룬다. 디자인도 얼마나 다양한지 19세기에 미국의 농부 '윌슨 벤틀리'는 현미경과 사진기를 연결해 직접 만든 장비로 무려 6,500여 종의 눈 결정 사진을 찍었을 정도였다.

날씨가 너무 추우면 서로 부딪쳐도 달라붙지 않아서 싸라기눈으로 싸락싸락 내리고, 적당히 추우면 서로 껴안으면서 탐스럽게 불어나 함박눈으로 펑펑 내린다. 이런 눈 결정의 신비는 눈이 공기를 흔들고, 세상의 모든 빛을 반사하며 내리는 동안에만 유효할 뿐, 땅에 닿으면 형태가 흐트러지면서 낟알 모양이 되어버린다. 웅웅… 땡그랑… 웅웅… 땡그랑…. 육각형 구조에 완벽한 대칭구조를 유지하는 동안에만 대기와 공명하며 나는 소리. 우리는 내리거나 쌓이는 모양만 바라볼 뿐이다. 펄펄, 펑펑, 폴폴, 훌훌, 포슬포슬, 푸설푸설, 폭폭, 소복소복…. 발밑에서 나는 이런 소리만 들을 뿐이다. 사박사박, 서벅서벅, 사각사각, 서걱서걱, 뽀드득뽀드득….

최첨단 음향센서가 없던 시절에 옛사람들은 '청설聽雪'이라는 말을 지었다. '눈이 내리는 소리를 듣고자 하는 마음', 경청의 경지를 넘어선 듣기의 자세를 의미한다. 네가 내지 않아도 너에게서 나는 소리가 있다. 청설, 너를 알고 나는 귀가 되고 싶어졌다. '너'라는 존재가 내는 소리를 듣고 싶다. 6,500여 종쯤은 훌쩍 넘어볼까 한다.

사랑을 연주하기 위한 세 가지 기술

#사랑하고 사랑받기 위해

내가 있고, 악기가 있고, 내가 악기를 연주함으로써 소리가 나온다. 다 음악이 되지는 못한다. 기술이 부족하면 소음에 가깝고, 기술이 있더라도 '듣기 좋은 꽃노래도 한두 번'이라는 점을 잊지 말아야 한다.

"사랑은 사랑하고 있는 자의 생명과 성장에 대한 우리의 적극적 관심이다."[✣]

생명을 가진 존재는 끊임없이 변화한다. 이 변화를 무심히 여기고 한 달 전에 듣기 좋다고 한 꽃노래를 여태 매일 부르고

✣ 에리히 프롬, 『사랑의 기술』, p47, 문예출판사

있으면 시큰둥해질 법도 하다. “그만해.” “좋아했잖아?” “들을 만큼 들었어.” “좋아하는 게 어떻게 변해? 내가 싫어진 거야?” 확대 해석하지 말자. 상대의 생명과 성장에 대한 관심이 부족했다고 인정하자. 그는 한 달 전과 같은 사람이 아니다. 나 또한 그러하다. 사랑이라는 활동Loving에는 유연한 대응이 필요하다. 사랑을 훌륭히 연주했던, 두 명의 사례를 들어볼까 한다.

본명 ‘아망틴 오로르 루실 뒤팽Amantine Aurore Lucile Dupin’, 스물일곱 살이던 1831년, 소설 『앵디아나Indiana』가 대중의 인기를 얻으면서 필명으로 쓴 이름이 본명보다 더 유명해졌다. 바로 ‘조르주 상드George Sand’다. 영어로 읽으면 ‘조지 샌드’, 남성 이름이다. 이름에 걸맞게 프록코트를 입고 토퍼를 쓴 남장 차림을 했고 시가를 피웠다. 같은 해 폴란드 청년, 프레데리크 쇼팽이 파리에 입성한다. 상드와 쇼팽이 처음 만난 것은 그로부터 5년 뒤, 프란츠 리스트의 연인인 마리 다구 백작 부인의 살롱에서였다. 그 후로 10여 년, 쇼팽의 음악에 상드를 사랑하는 마음이 담겼다. 24개의 프렐류드를 완성한 것은 사랑이 막 시작된 시기였고, 2번부터 8번까지의 왈츠를 완성한 것은 상드와 함께 산 노앙 성城에서였다. 그리움과 우수뿐 아니라 격정과 화려함까지, 사랑에 빠졌다면 누구라도 겪을 감정들이 녹아있다.

이들 관계의 끝은 ‘결별’이었다. 결별은 쇼팽의 죽음으로 이어졌다. 마지막 순간까지 상드의 머리카락을 봉투에 담아 간직하고 있었다. 이런 쇼팽에 비해 상드의 삶은 아무런 흔들림이 없었다. 소설은 여전히 잘 팔렸고, 영지나 다름없는 노앙성의 주인이었으며 많은 애인이 주위에 있었다. 쇼팽을 아끼는 세간의 소문은 그들의 사랑에 대해 정작 중요한 것을 말해주지 않는다. 상드는 쇼팽을 어떻게 사랑했을까.

덤불 속에 가시가 있다는 것을 안다.
하지만 꽃을 더듬는 내 손 거두지 않는다.
덤불 속의 모든 꽃이 아름답진 않겠지만
그렇게라도 하지 않으면
꽃의 향기조차 맡을 수 없기에.
꽃을 꺾기 위해서 가시에 찔리듯
사랑을 얻기 위해
내 영혼의 상처를 감내한다.
상처받기 위해 사랑하는 게 아니라
사랑하기 위해 상처받는 것이므로.

_조르주 상드, 「상처」

상드는 유년 시절에 어머니의 무관심으로 극도의 애정결

핍을 경험했다. 비슷한 상처를 겪는 것이 두려워 사랑을 회피하거나 사랑을 받고 싶어 고분고분해질 수도 있었겠다. 상드는 사랑하기 위해 상처받는 쪽을 택했다. 사랑을 연주하기 위한 첫 번째 기술, "상처받지 않는 사랑은 존재할 수 없다는 사실을 아는 것."

상처받을 것이 두려워 머뭇거릴 수 있다. 아직 덜 사랑해서 그러는 거라고 폄하하지 말자. 얼마나 사랑하는지 아직 몰라서일 수 있으니까. 상처받을 것이 두렵다는 소리는 그만큼 강렬하게 끌리고 있다는 뜻이기도 하다. '사랑하고 사랑받는 것'은 인간의 간절한 욕구이다. 평생 한 번쯤은 이를 해결하기 위해 총력을 기울여야 한다. 그 결과가 설령 이별이라 해도 사랑의 끝이 아니라 사랑의 여정 중 하나일 뿐, 영혼이 크게 성장한다. 대가로 지불해야 하는 것이 상처라면 오히려 약소할 정도다. 욕구를 대충이라도 충족하고 싶어 고만고만하고 고분고분해지는 태도로 타협하지 마라. 상처도 없지만 사랑도 없다. 상드의 말을 되새긴다.

"사랑을 얻기 위해 내 영혼의 상처를 감내한다. 상처받기 위해 사랑하는 게 아니라 사랑하기 위해 상처받는 것이므로."

그리고 여기 또 한 사람, 시인이자 교육자인 메리 엘리자베스 헤스켈Mary Elizabeth Haskell이 있다. 시인이며 화가이자 '예언자'인 칼릴 지브란에게 평생의 연인이자 후원자였다. 지브란이 스물한 살일 때 처음 만났고, 헤스켈은 그의 재능을 한눈에 알아보았다. 그리고 파리에서 유학 생활을 할 수 있도록 후원했는데 이것이 지브란에게 인생의 전환점이 된다. 오롯이 철학과 미술 공부에 열중할 수 있었고, 오귀스트 로댕을 비롯한 여러 예술가와 교류를 나누면서 크게 성장한다. 3년의 유학을 마치고 미국으로 돌아온 뒤에는 본격적으로 집필활동에 들어간다. 1923년, 20년 동안 구상해서 영어로 산문시를 쓰고 직접 그림을 그려 원고를 완성했는데 바로, 불멸의 고전 『예언자』다. 예언자의 이름은 '알무스타파', 그를 따르며 질문하는 여제자 '알미트라'에는 헤스켈이 투영돼 있다. 알미트라가 알무스타파에게 결혼이 무엇이냐고 묻는 대목이 있다. 스승이 답한다.

"서로의 잔을 채우되, 어느 한 편의 잔만을 마시지는 말라.

서로 저희의 빵을 주되, 어느 한 편의 빵만을 먹지는 말라.

함께 노래하고 춤추며 즐거워하되, 그대들 각자는 고독하게 하라.

비록 하나의 음악을 울릴지라도 저마다 외로운 기타 줄들처럼.

서로 가슴을 주라, 허나 간직하지는 말라.

오직 삶의 손길만이 그대들의 가슴을 간직할 수 있다.

함께 서 있으라, 허나 너무 가까이 서 있지는 말라.
사원의 기둥들도 서로 떨어져 서 있는 것을.
참나무와 사이프러스나무도 서로의 그늘 속에선 자랄 수 없다."✣

결혼에 대한 답이지만 사랑하는 '관계'에 대한 답으로 들어도 좋을 것이다. 실제로 지브란과 헤스켈의 관계이기도 했다. 어떻게 이토록 산뜻한 관계를 지브란이 먼저 죽음을 맞는 순간까지 평생 유지할 수 있었을까? 헤스켈이 지은 시에서 짐작할 수 있다.

타인에게서 가장 좋은 점을 찾아내
그에게 이야기해줄래?
우리들은 누구에게나 그것이 필요해.
우리는 타인의 칭찬 속에서 자라왔어.
그리고 그것이 우리를 더욱 겸손하게 만들었어.
사람은 누구나 타고나길 위대하고 훌륭해.
아무리 누구를 칭찬해도 지나침은 없어.
타인 속에 있는 위대함과 아름다움을

✣ 칼릴 지브란, 『예언자』, p27, 문예출판사

발견하는 눈을 길러볼래?

그걸 찾는 대로

그에게 칭찬해줄 마음을 함께 가져 보자.

_메리 헤스켈, 「타인의 아름다움」

아무런 위대함도 아름다움도 발견하지 못한다면, 상대에게 없어서가 아니다. 아직 내 안목이 부족해서이다. 또 발견하더라도 아무런 표현을 하지 않으면 서로 교감을 이루기 힘들고, 영감을 나누기 힘들다.

사랑을 연주하기 위한 첫 번째 기술, 상처받지 않는 사랑은 존재할 수 없다는 사실을 알고 사랑하기 위해 영혼의 상처를 감내하는 것, 두 번째 기술, 타인의 위대함과 아름다움을 발견하는 눈을 기르는 것, 세 번째 기술, 그것을 이야기해주고 칭찬해줄 힘을 기르는 것. '사랑이라는 활동Loving'을 할 때 필요한 세 가지다.

이를 실행한 상드와 헤스켈은 파트너가 쇼팽이나 지브란이 아니라도 사랑을 유려하게 연주했을 인물들이다. '나다움'을 갖추고 자기 인생과 사랑을 주도했고, 사랑의 기술을 지녔으며, 이에 따라 사람을 알아보는 안목도 특별했다. 단지 세월이 흘러 그들의 연인이 그들보다 유명해졌을 뿐.

우선 문이 열린
새장을 하나 그리세요
그다음
새를 위해
무언가 예쁜 것을
무언가 단순한 것을
무언가 쓸 만한 것을 그리세요
그러고 나서 그 그림을 나무에 걸어놓으세요
정원에 있는
또는 산속에 있는

어느 나무 뒤에 숨겨놓으세요
아무 말도 하지 말고
움직이지도 말고…
때로 새가 빨리 오기도 하지만
맘먹고 오기까지 몇 년이 걸리기도 하죠
실망하지 마세요
기다리세요
기다려야 한다면 몇 년이라도 기다려야 해요
새가 빨리 오고 늦게 오는 것은
그림이 잘되는 것과는 아무 상관이 없답니다
새가 날아올 때엔
혹 새가 날아오거든
가장 깊은 침묵을 지켜야 해요
새가 새장 안에 들어가기를 기다리세요
그리고 새가 들어갔을 때
붓으로 살며시 새장의 문을 닫으세요
그다음
모든 창살을 하나씩 지우세요
새의 깃털이 다치지 않도록 조심하세요
그리고는 가장 아름다운 가지를 골라
나무의 모습을 그리세요

새를 위해
푸른 잎새와 싱그러운 바람과
햇빛의 반작이는 금빛 부스러기까지도 그리세요
그리고 여름날 뜨거운 풀숲 벌레들의 소리를
그리세요
이제 새가 마음먹고 노래하기를 기다리세요
혹 새가 노래하지 않는다면
그건 나쁜 징조예요
그 그림이 잘못되었다는 징조예요
하지만 새가 노래한다면 그건 좋은 징조예요
그러면 당신은 살며시 살며시
새의 깃털 하나를 뽑으세요
그리고 그림 한구석에 당신의 이름을 쓰세요

_자크 프레베르, 「어느 새의 초상화를 그리려면」

사랑Loving의 반대말, 고스팅Ghosting

#부재 중으로 존재하는 것

에리히 프롬은 사랑이 지금 일어나는 활동이어야 한다는 점을 강조하기 위해 'Loving'이라는 어휘를 썼다. 그렇다면 Loving의 반대말도 존재할 수 있을까.

내가 생각하기에는 '고스팅ghosting'이다. 유령처럼 아무 말 없이 사라진다는 신조어로 '지금은 부재 중'이라는 의미를 강조하기 위해 'ghost' 뒤에 현재분사 'ing'를 붙였다. 연인 사이에 한 사람이 아무 말 없이 일방적으로 연락을 끊어버리는 식으로 발생하며 우리 식으로 말하면 '잠수 타기'가 되겠다. 당하는 사람은 영문도 모르고 '혹시 무슨 일이 생겨서 연락이 안 되나?' 며칠이고 걱정한다. 고스팅이 흔한 이별의 방식이 되어버린 최근에는 며칠 연락이 안 되면(쉽게 말해 씹히면) 이별 통보로 받아들이는 것 같다. 그런데 고스팅도 날로 진화하는 모양인지 고스팅 같지 않은 고스팅이 만연하다. 하는 사람은 분명히 고스팅이고 당하는 사람은 고스팅인 줄 모른다는 점에서 '사기'나 다름없어 보인다. 아니, 어쩌면 사기보다 나쁘다. 사기꾼은 자기가 한 짓으로 법적 처벌을 받을 수 있다는 사실을 알지만 고스팅한 사람은 나쁜 짓인 줄 모를뿐더러 상처를 덜 주기 위해서라는 둥, 좋게 헤어지기 위해서라는 둥, 끝까지 포장하기 때문이다.

미국의 심리학 박사 웬디 월시가 고스팅의 하위집합을 모았다. 아래에 하나라도 해당한다면 의문의 여지를 두지 말고 관계를 중단하기 바란다. 사랑이라는 활동이 전혀 일어나지 않고 있는 상태일뿐더러, 앞으로도 그럴 가능성이 전혀 없다.

- **호감 가는 유령처럼 친절한 방법으로 사라진다. 예를 들어 문자에는 답하지만 아무런 구체적인 계획을 제안하지 않는다. - 캐스퍼링** caspering
- **소셜 미디어에서 '좋아요'를 누르지만 직접적이고 의미 있는 커뮤니케이션은 모두 차단한다. - 오비팅** orbiting
- **연인 사이지만 자신의 주변 사람들에게 소개하지 않는다. 함께 있는**

사진을 SNS 등에 게시하지 말라고 부탁한다. - 스태싱stashing

· 관계가 지속되고 있다는 희망을 가질 정도만 관심을 준다. 진전시킬 의도는 없다. - 브레드 크럼빙bread crumbing

· 고스팅했던 사람이 "안녕, 뭐해?" 같은 문자 메시지를 보내며 무덤에서 나온다. - 좀빙zombieing

· 데이트를 계속할지 다른 사람으로 넘어갈지 망설인다. '가능성 있음'으로 분류해놓고 일단 보류한다 - 벤칭benching

· 현재 연인이 있으면서 실패할 경우 원숭이처럼 풀쩍 뛰어 건너갈 수 있는 옵션으로 여긴다. 상대를 자신의 외로움을 완화하는 '에어백'으로 생각하기 때문에 '쿠셔닝'이라고도 한다. - 몽키 브랜칭monkey branching

· 선물을 사주기 싫어서 기념일 전에 이별을 통보한다 - 스크루징scrooging

· 상대를 바람맞히고 동시에 휴대전화에서 차단한다 - 클로킹cloaking

· 실제 만남이 두려워서, 더 나은 사람을 찾고 싶어서, 또는 게을러서 데이트를 한없이 미룬다 - 세렌디피데이팅serendipidating

* 프랑스 오르텔리, 『우리는 어쩌다 혼자가 되었을까?』(시그마 북스) 참고

'사랑Loving'의 반대말은 '고스팅ghosting', 사랑이 '부재 중'으로 '존재'한다. 아직 사랑Loving하는 입장에서는 고스팅 당하는 줄

짐작조차 하지 못하거나, 어렴풋이 짐작하더라도 '부재'가 아니라 아직 부재 중인 것으로 존재하기에 끊임없는 상상력을 발휘해서 스스로를 납득시키려 한다. 상대의 상황을 직접 말로 묻지 못하고 내가 나를 납득시키는 노력을 한다는 것은 상당히 좋지 않은 전조이다. 상대는 지금 내게 '나쁜 짓'을 하고 있다.

연인이 어떤 인간인지 알기를 회피하지 마라

#영원히 그 사람과 함께할 단점

사랑하는 사람을 두고 불현듯 이런 의심이 연기처럼 피어오를 때가 있다. '혹시 저 사람이 좋은 인간이 아니라 나쁜 인간이면 어쩌나….' 사랑하기 때문에 선악의 기준을 느슨하게 적용하고 만다. '오늘 기분이 안 좋아서 저러는 거겠지', '본의가 아닐 거야', '알고 보면 착해', '원래 성격이 그런 거 같아' 등의 말을 하면서 스스로 눈을 가린다. 그런데 정말, 그는 좋은 인간일까, 나쁜 인간일까?

'정심井心', 우물 정井에 마음 심心, '마음은 우물 같다'라는 뜻이다. 금강수보살이 대일여래에게 유가행자의 마음가짐에 대해 물었을 때, 대일여래가 60가지의 마음으로 답했고 스물다섯 번째가 정심이다. 우물을 보기만 해서 깊이를 헤아릴 수 없듯 사람의 마음도 착함과 그렇지 않음을 헤아리기 어려우니 깊이 사유해야 한다는 의미이다. 이 구절에서 우선적으로 새겨야 할 대목은 '더 깊이 사유해야 한다'는 가르침보다 '사람의 마음이 착함과 그렇지 않음을 헤아리기 어렵다'는 통찰이다. 선함이나 악함이 가득 차면 저절로 흘러넘쳐 알아볼 수 있다는 믿음은 위험하다.

'정심井心'과 비슷한 개념으로 미국의 심리학자 벌허스 프레더릭 스키너는 행동주의 심리학을 주창하면서 '블랙박스'를 제시했다. 인간의 마음에서 무슨 일이 일어나는지 알 수 없으니 속을 알 수 없는 블랙박스처럼 남겨두자는 것이다(차량용 블랙박스가 등장하기 전에 나온 용어이니 말 그대로 깜깜한 상자를 연상하면 되겠다).

둘의 관점이 비슷해 보이나 대응 방식이 다르다. 금강수보살은 '그래서 더 깊이 사유해야 한다'고 하지만, 스키너는 상대의 진실이나 본질을 알아도 몰라도 크게 상관없으며 어떤 환경에서 어떤 행동을 하는지 알아 의사소통을 거쳐 합의하고 합의한 대로 이행하면 충분하다고 한다. '정심'과 '블랙박스', 반대의 대응 방안 같지만 상대가 어떤 사람인지 알고, 관계를 명확히 하고, 사랑을 키우는 데 둘 다 적용해볼 수 있다.

우리에게는 우물의 깊이를 헤아리고 블랙박스의 안을 꿰뚫어 볼 수 있는 능력이 없다. 따라서 보고 들은 것에 근거해 지금 이 순간, 옳은 행위를 하면 좋다고, 옳지 못한 행위를 하면 나쁘다고 판단하는 수밖에 없다. 기준은 상대나 상황에 따라 달라지는 상대주의적 관점이 아니어야 한다. 사람이라면 어떠한 상황에서도 하면 안 되는 선택과 행동이 있고, 어떠한 상황이라도 해야 하는 선택과 행동이 있다. 이것은 인간이라는 존재에 최후에 남겨두는 씨알 같은 것이다. 그 기준이 무엇인지 선험적으로 안다. 단지 타협이나 유혹에 약하고 자기합리화에 강할 뿐이다.

"그 사람, 알고 보면 착해" 같은 말은 자식한테 하는 게 아닌 이상 그만두기 바란다. "그 사람 성격이 원래 그래서 그래" 같은 소리도 답답하다. 성격이 행위의 면죄부가 될 수 있는 시기는 미성년자일 동안이다. 우리는 나머지 세월을 '성격(개인이 가지고 있는 고유의 성질이나 품성)'이 아니라 '인격(사람으로서의 품격)'으로 살아가려고 노력해야 한다. 그래서 타인과 갈등이 생겼을 때 성격이 아니라 인격에 의거해 해결하고자 해야 한다. 여기서 인격이란 지금까지 가꾼 자기 자신의 격格인 동시에 앞으로 만들고 싶은 격格까지 포함한다. 이러한 노력을 하지 않는데다 인지조차 없어서 타인에게 물질적, 심리적 피해를 주는 행위를 나는 '나쁘다'라고 판단한다. '나쁜 사람'이라고 단언할 수는 없다. 사람은 언제든 스스로 깨달으면 변화할 수 있고, 성장할 수 있으니까. 그래도 상대가 나쁜 행위를 할 때 '나쁘다'라는 명백한 사실에 눈을 감지 말아야 한다.

이런 태도는 특히 연애 초기일 때 가장 필요하고 중요하다. 구체적으로 낭비나 부채 등의 돈 문제, 비뚤어진 이성관, 폭언이나 폭력, 공공질서 무시, 무례, 무지, 불성실, 무책임, 나태 등이 해당한다. 보편적인 기준이나 일반적인 상식에 어긋나는 줄 뻔히 알면서 마치 우물의 깊이나 블랙박스 안이 보이기라도 하듯이 "그럴만한 이유가 있겠지", "오늘 기분이 안 좋은가 봐", "요즘 하는 일이 잘 안 풀려서 저래", "알고 보면 착한 사람이야" 같은, 연인한정 성인군자 같은 소리는 부디 그만두라. 구제불능의 나쁜 인간으로 낙인찍고 당장 관계를 그만두라는 소리가 아니다. 상대가 한 행동이나 말이 '나쁘다'는 사실을 받아들이고, 가볍게 넘기지 말라는 뜻이다. 그것은 영원히 그 사람과 함께할 유일한 '단점'이다. 앞으로도 반복적으로 일어날 것이다. '약점'은 옹호하고 보호해야 하지만 '단점'에는 가차 없어야 한다. 지적이나 비난, 충고 등을 가차 없이 해야 한다는 소리가 아니다. 앞으로도 반복될 그 단점을 내가 견딜 수 있을지 가차 없이 판단해야 한다는 뜻이다.

이 과정에 필요한 것이 '질문'이다. 상대를 비난하지 않을 수 있는 차분한 감정일 때 그 단점에 대해서 구체적으로 질문하자. 그러한 행위나 생각에 대해 어떻게 생각하는지, 그러고 나면 어떤 감정이 드는지…. 이 질문의 의도는 앞으로는 그러지 않을 것이라거나 고치겠다는 약속이나 다짐을 받는 데 있지 않다. 그러는 이유와 배경을 알기 위해서다. 상대가 짜증이나 화를 내거나 변명을 하거나 실망감을 표현할 수 있다. 그렇더라도 연애 초기에 반드시 해야 할 것이 바로 '관계가 깨질까 봐 두려워서 하지 못하는 질문'이다. 두려움 때문에 묻지 않고 가슴에만 묻어두는 것은 관계에 지뢰를 묻는 거나 다름없다. 한 개로 끝나지 않을 것이다. 쌓이고 쌓인 지뢰가 폭발하면 마음에 큰 상처는 물론, 민·형사상의 실질적인 피해로까지 이어질 수 있다.

기억하기 바란다. 있는 그대로를 사랑한다는 말이 모르는 채로 사랑한다는 말은 아니다. 우리는 아무것도 모르는 채 사랑에 빠질 수는 있어도 아무것도 모르는 채 사랑할 수는 없다. 상대가 변화할 거라는 기대 대신 내가 견딜 수 있을지 없을지 신중하게 고민하자. 연인 사이는 스키너의 블랙박스처럼 '상대의 진실이나 본질을 알아도 몰라도 크게 상관없으며 어떤 환경에서 어떤 행동을 하는지 알아 의사소통을 거쳐 합의하고 합의한 대로 이행하면 충분한 관계'가 불가능하다. 그런 관계를 맺을 수 있을지는 몰라도 절대 충분하지 않다. 사랑의 삼각형을 이루는 친밀감과 열정, 헌신, 이 세 가지 모두 빠져 있지 않은가. 연애와 비즈니스의 차이다.

우리가 연인이 어떤 사람인지 알고 싶은 이유는 판단하기 위함이 아니라 이해하기 위함이다. 그래서 우리 사이에 어떠한 일이 일어났을 때 오독하지 않기 위해서이다. 아무리 사랑해도 연인이 하는 말이나 행동, 태도 등을 보며 "난 이해하고 싶어!"라고 외치고 싶을 때가 한두 번이 아니다. 롤랑 바르트는 그것이 사랑의 외침이라면서 이같이 썼다.

"나는 나를 이해하고 싶고, 나를 이해시키고 싶고, 알리고 싶고, 포옹 받게 하고 싶고, 누군가가 와서 나를 데려가기를 바란다. 바로 이것이 당신의 외침이 의미하는 것이다."✣

그 외침을 비명이 아닌 감탄사로 만들려면 어떻게 해야 할까. 우선 '정심井心'과 '블랙박스'를 떠올리자. "나는 너를 사랑하지만 너의 마음은 우물 같아서, 블랙박스 같아서 그 안에 무엇이 들었는지, 또 얼마나 깊은지 알지 못한다"고 전제하는 것이다. 이것은 모든 가능성을 열어두고 상대를 바라보려는 노력이다.

✣ 롤랑 바르트, 『사랑의 단상』, p95, 동문선

인도의 명상가 오쇼 라즈니쉬가 말했다.

"누구나 자기만의 내면 세계가 있다. 따라서 그대가 상대를 진정으로 이해하려면 가능한 모든 각도에서 그 사람을 보아야 한다. 사람들을 다른 각도에서 보는 것은 언제나 바람직한 일이다. 사람들은 다양한 측면을 갖고 있기 때문이다."

사람을 규정하면 계속 하나의 정면밖에 보이지 않는다. 모든 가능성을 열어두면 상대가 가진 다양한 측면을 계속 새롭게 볼 수 있다. 혹시 나는 하나의 정면만 보면서 그를 이해한다고 여기고 있지는 않을까. 그래서 쉽게 사랑하고, 쉽게 미워하지는 않을까.

그나저나, 정말 그는 나에게 좋은 사람일까, 나쁜 사람일까. 계속해서 이런 의문이 떠나지 않는다면 두 가지를 점검하기 바란다.

첫 번째는 '상대가 나에게 요구하는 것을 내가 들어주지 않을 때 상대가 어떻게 나오는가'다. 나쁜 사람이라면 틀어박혀 무언의 시위를 하면서 압박해오거나, 화를 내는 등의 행동으로 두렵게 할 것이다. 좋은 사람은 "아, 그래? 서운하지만 네가 그렇다니 할 수 없지. 괜찮아"라고 할 것이다. 아무리 사랑해도 내 영혼을 썩게 만드는 관계는 잘라내는 것이 옳다. 아프다. 당연히 아프다. 약도 없다. 그래도 머잖아 미래의 나를 위해 일생에 가장 잘한 선택이었다는 사실을 놀랍도록 선명하게 볼 수 있을 것이다.

두 번째는 '내가 그를 필요로 하는 순간에 내 곁에 있는가'다. 여기서 '곁'이란 마음으로 함께한다는 의미뿐 아니라 그보다 더 중요하게, 몸이 함께하는 것이다. 내가 고통을 겪는 순간에 설령 어쩔 수 없는 이유가 있다 해도 곁에 없다면, 그는 좋은 사람이라도 나쁜 사람이다. 인간은 고통을 느낄 때 가장 처절하게 외롭다. 고통 자체보다 외로움의 처절함을 더욱 견디기 힘들다. 연인 사이에 진정한 의미의 '함께'란 고통을 해결해주는 것이 아니라(해결해주려고 하는 것은 희망 사항일 뿐 해결해줄 수도 없다) 그 처절한 외로움의 곁에 몸으로 있어 주는 것이다.

비유하자면, 상대가 폭우 속에 홀로 서 있을 때, 내가 가진 우산을 씌워주는 게 아니라 내가 가진 우산을 버리고 폭우 속으로 걸어나가 상대가 맞고 있는 폭우를 함께 맞는 것이다. 이러는 이유는 상대가 겪고 있는 고통과 처절한 외로움을 조금이라도 비슷하게나마 체험하기 위해서이다. 그러면서 '너 혼자 폭우를 맞고 있는 게 아니야. 내가 함께 있어'라는 메시지를 몸으로 현실감 있게 전하는 것이다.

이 대목에서 "우산을 씌워서 얼른 처마 밑으로 데려오는 게 현실적인 도움이지 그게 무슨 소용이 있어?"라고 반문하는 사람이 꼭 있다. 이것은 인간의 많은 감정 중에 고통과 외로움에 대한 비유다. 동참하길 꺼리며 해결책 찾기 운운하는 사람을 애인으로 두지 마라. 그런 이들이 말하는 해결책이란, 면책하기 위한 구실에 지나지 않는 경우가 대부분이다.

사랑하면서 동시에 사랑하지 않으려는 태도

썸

'썸'은 옛날에도 비슷하게 있었다. 그때는 '썸씽'이라고 불렀다. 상대와 나 사이에 무언가, 썸씽이 있는 거 같은 느낌적인 느낌. 혹은 생길 거 같은 예감적인 예감. 그렇지만 그때의 썸씽과 지금의 썸은 많이 다르다. 썸씽이 있어야 연애를 하든지 말든지 하고, 연애를 해야 결혼을 하든지 말든지 할 수 있다는 맥락만 비슷하다. 그런데 요즘 썸 타는 식으로 옛날에 그러고 다녔으면 "사귀는 거 아냐?" 심지어 "언제 결혼해?"라는 말까지 들었을 거다. 그런 거 아니라고 손사래를 치면 뒤에서 끼 부린다고, 바람둥이라고 수군거리고, 어떤 사람인지 알아보는 것뿐이라고 하면 "사람 놓고 간 보냐?" 같은 소리를 해댔다.

남들이 뭐라든, 썸이든 썸씽이든, 본격적인 연애의 목전에서 자기가 진정으로 원하는 것이 자유인지 친밀감인지 점검하는 과정은 필요하다. 문제는 썸을 연애의 리트머스로써가 아니라 오로지 썸으로만 쓰는 사람이라 하겠다. '불장난'이다.

"불장난의 좋은 점 한 가지는 절대 불에 그슬리는 법이 없다는 거예요. 불에 완전히 타 버리는 사람들은 불을 가지고 노는 법을 모르는 사람들이지요."✣ 모순어법을 구사하는데 천재적이었던 오스카 와일드가 '불장난'에 대해 쓴 구절을 보자니 블랙핑크의 히트곡 「불장난」이 맴돈다. 노래 속 주인공은 '불에 완전히 타버리는 사람'으로 불장난에 서투른 젊은이다. 불을 가지고 놀 줄 모르는 이에게 불장난은 '장난'일 수가 없다. 그런데 '장난'이라는 어휘의 뜻풀이가 '썸'의 부정적인 면과 딱 들어맞는다.

장난: 재미로 하는 짓, 심심풀이 삼아 하는 짓.

구체적으로 어떻게 장난하는지 들여다볼까. '사랑에 빠진 나'라는 칵테일을 테이블에 올려둔다. 이것은 세상에서 가장

✣ 오스카 와일드, 『오스카리아나』, p144, 민음사

완벽한 칵테일, 상대가 마시는 것은 허용하지 않는다. 오로지 나만 마실 수 있다. 행여 약속이나 책임, 의무 같은 불순물이 투하되는 일이 없도록 철저히 관리한다. 유통기한은 투사가 벗겨지기 전까지. 그 뒤엔 맛이 변질되니 이왕 최고의 맛을 유지해 즐기고 싶은 바람이 있다. 한 잔, 두 잔, 세 잔… 그러다 열 잔, 스무 잔… '썸 중독'이다. 이들은 '사랑에 용해되기'에 중독돼 있다. '사랑을 하는 것'은 모른다. 아니, 모르는 줄 모른다. 단언할 수 있다. 백 번 썸 탄 사람보다 한 번 사랑을 한 사람이 사랑에 대해, 사람의 마음에 대해 훨씬 잘 안다. 단지 아는 줄 모를 뿐이다.

사랑에 빠지는 것 역시 일생에 수십 번이고 할 수 있다. 오죽하면 '금사빠'라는 신조어가 있을까. 그러나 사랑을 하는 것은 일생에 많아야 한두 번이다. 평생 한 번도 사랑을 하지 못하는 이들이 허다하다. 더구나 이 시대에는 사랑 따위 하고 싶지 않다고, 할 필요 없다고, 할 수도 없다고들 한다. 그런 말을 들을 때, 나는 이런 슬픔을 느끼고는 한다. "이 시대에 사랑은 지난 수백 년간 남발되고 소비된 끝에 닳고 닳은 구닥다리가 되어버린 걸까? 그래서 멀리 갖다 버리고, 만나지만 사귀지는 않는 '썸'으로 채우려는 걸까?" 하고.

그 사람을 사랑하느냐고 물었을 때, 할 수 있는 대답은 어떤 식으로 해도 둘 중 하나이다. 예스Yes 아니면 노No. 하면 하는 거고, 안 하면 안 하는 거지, 사랑하면서 동시에 사랑하지 않을 순 없으니까. 썸은 세 번째 대답을 궁리하는 것이고, 사랑하면서 동시에 사랑하지 않으려 하는 것이다.

'썸', '사랑보다 먼, 우정보다 가까운 사이'라고 하지만 우정만도 못하다. 숭고한 우정은 서로를 대하는 마음이 평생 웅숭깊다. 이에 비해 '썸'은 어디부터 어디까지 진짜인지 애매모호하고, 한쪽이 도망치거나 상대의 쿨함에 먼저 지치는 쪽이 제풀에 나가떨어지면 끝나는 관계다. 만났지만 사귀지 않았으므로 헤어졌다고도 할 수 없다.

세상에는 '사랑에 빠진 나'를 유흥하는 것으로 만족해하며 더 이상 관계의 진전을 바라지 않는 이들이 있다. 그들이야 나름대로 그럴싸한 이유가 있다 치고, 그런 자들과 관계를 맺는다면… 헛짓거리다. 우리가 가진 유일한 유한자원, 시간이 아깝다.

헌신하면 헌신짝처럼 버려진다는 말의 오류

#사랑할 때 절대 하지 말아야 할 것

"나한테 어떻게 그럴 수 있어?"라는 말을 하기도, 듣기도 원치 않는다. 상황을 떠나 하는 입장에서는 치사하고, 듣는 입장에서는 죄책감을 유발한다. 치사함과 죄책감은 사랑하는 관계에서 먼지의 더께와 같다. 어느 날 갑자기 생긴 감정이 아니라 차곡차곡 쌓였고, 그 말의 속내를 에리히 프롬의 말을 차용해 들추면 "나를 사랑한다면서 왜 나의 목숨이나 성장에 대한 배려를 행동으로 표현하지 않아?"이고, '사랑의 삼각형'에 대입하면 "나를 사랑한다면서 왜 그에 합당한 '헌신'을 하지 않아?"라고 할 수 있다.

'헌신'이라는 말을 듣자마자 뇌세포가 넌더리를 낼 수 있다.

내 자유를 꽁꽁 싸매는 포승줄 같아서일 수도, 헌신하면 헌신짝처럼 될 거 같아서일 수도 있다. 그러나 '헌신하면 헌신짝이 된다'는 말은, 라임을 버리고 '헌신'이 아니라 '희생'을 넣어야 옳다. 우리는 종종 '헌신'과 '희생'을 혼동하고 둘의 차이는 다음과 같다.

헌신: 몸과 마음을 바쳐 있는 힘을 다함

희생: 어떤 사물, 사람을 위해서 자기 몸을 돌보지 않고 자신의 목숨, 재산, 명예 따위를 바치거나 버림

헌신이 나의 몸과 마음으로 최선을 다하는 것이라면, 희생은 지고의 대상을 향해 맹목적으로 나를 버리는 것이다. 만약 내게 '사랑할 때 절대 하지 말아야 할 것'이 무엇이냐고 묻는다면 딱 한 가지, '희생'이라고 하겠다. 아니, 사는 동안 그 무엇에도 절대 희생하지 말라고 하겠다. "희생을 통해 진정한 사랑에 도달한다"는 진언은 옳고도 위험하고, 또한 매우 유혹적이다. 더구나 희생을 사랑의 결과가 아니라 수단으로 이용할 때 인간의 삶은 신파거나 비극이 되어버린다.

희생을 물화하면 '제물'이다. 동서를 막론하고 신에게 제사를 지낼 적에는 제단에 가장 귀한 짐승을 올리고 태웠는데(아무거나 올리면 신의 노여움을 산다), 하늘에 있는 신에게 그 향

을 올려 보내기 위해서이다. 제사가 끝나면 지상의 '축제'가 시작된다. '축제'는 제사의식의 일부이고, 이 때문에 축제 대신 대회, 행사 등의 말을 쓰도록 권장하고 있다. 흥미롭게도 희생도, 제물도 영어에서는 'sacrifice'로 어원이 '성스러운sacred 것을 실행하다'이다. 한자어 '희생犧牲'도 풀이가 거의 같다. 보통 '다른 사람이나 어떤 목적을 위하여 자신의 목숨, 재산, 명예, 이익 따위를 바치거나 버림'이라는 뜻으로 통용하지만 '천지신명 따위에 제사 지낼 때 제물로 바치는, 산 짐승. 주로 소, 양, 돼지 따위를 바친다'는 풀이가 기재돼 있다. 어원이 제물을 바치는 행위였음을 알 수 있다.

그러니 '희생'이라는 말을 함부로 할 수 없다. 희생은 내가 가진 것 중에 가장 귀한 것을 바쳐서 남은 이들이 신의 축복을 받기를 바라는, 숭고한 마음이다. 가진 것 중에 가장 귀한 것, 재산, 명예, 시간 등을 기꺼이 바친다. 사람이라는 존재가… 이 엄청난 걸 해낸다. 사랑하는 사람을 위해서 기쁘게 자기 자신까지 제물로 바친다.

그런데 문제는 말이다. 언제 죽어도 이상하지 않은 전시戰時가 아니고서야 인생이 짧지 않다는 데 있다. 우스갯소리처럼 들리겠지만 살아갈 날들이 많다는 엄중함이 사랑에, 예상치 못한 커다란 변수가 된다.

사랑을 하다가… 내가 가진 것을 다 주어버려서 더 이상 줄 게 없는 상태가 되어버릴 수 있다. 사랑은 우물과 같아서 퍼낼수록 많아진다고, 아낌없이 줄수록 생겨난다는 말은 옳다. 그러나 전제조건이 있다. 마중물이 있어야 한다는 것이다. 그게 없이 계속 주기만 하면 더 이상 줄 게 없는 상태에 이르고, 그때가 되면 신기할 정도로 사랑도 마르고 닳아 영혼도 텅 비어버린다. 마중물 없이 혼자만 애쓰고, 혼자만 희생한 관계의 최종 단계다. 당부하건대, 자신이 가진 그 무엇도 제물로 사위지 마라. 자신을 제물로 불사르고 싶은 달콤한 유혹마저 물리쳐라. 희생하지 마라. 그러나 '헌신'이 빠져버린다면…

알맹이 없이 화려한 포장지만 주는 것이다. 너무 예뻐서 기쁘면서도 어딘가 이런 느낌이다. "뭐가 빠진 거 같은데, 뭐가 빠졌지?", "도대체 뭐가 문제지?"

사랑하는 것은 자기에게 있는 것이 아니라 없는 것을 주는 것이다. 사랑은 창조와 밀접하다. 이러한 관계는 '헌신', 로버트 J. 스턴버그에 따르면 '무슨 일이 있더라도 오랫동안, 아마도 영원히 지속하기로 결정하는 것'을 바탕으로 하지 않고는 출발의 신호탄조차 울리지 않는다. 헌신이 없다면, 세상에 가장 특별하고 화려한 포장지, 그게 전부일 뿐인 무늬만 '사랑'이다. 둘의 관계에 궁극적으로 영감도, 창조도 없다.

대다수 연인이 연애의 초장기에 '헌신'을 약속하기는 한다. 그러나 달콤한 말이나 넘치는 의욕만 가지고 되지 않는다. '사랑의 활동Loving'이 필요하다. 친밀감에서 우러나오는 사랑의 활동은 사랑스럽고, 열정에서 우러나오는 활동은 매혹적이다. 헌신에서 우러나오는 활동은 사랑에 질감을 부여하는 현실이며 일상이 된다. 이런 현실과 일상이 차곡차곡 쌓여 '연애시절'이 된다.

많은 이들이 '상대가 나를 진짜로 사랑하는가, 아닌가' 심지어 '내가 상대를 진심으로 사랑하는가, 아닌가' 긴가민가한다. 상대를 특별하게 여길수록 불투명할 것이다. 여기에 대한 답은 야속하리만치 단순명료하다. 지금 아무것도 하지 않고, 아무것도 보여주지 않는다면 사랑하지 않는 것이다. '지금은 없으니까 다음에…' 같은 변명이나 약속 같은 거 하지도 말고, 믿지도 말자. 사랑에 미래는 없다. 늘 지금만 있다. 그리고 그 지금은 간단없이 과거가 된다. 지금 이 순간의 관심과 행동하는 헌신이 가장 중요하다. 이것이 얼마나 결정적인지, 우리는 간과하거나, 모르는 체하거나, 알고도 보류한다. 관계를 서서히 멍울지게 하는 줄 모르고. 그 시기가 얼마나 이르게 닥치는지 짐작도 못 하고.

196

다음에라는 말은 금물

거짓말 같았다.

봄날 오후, 점심 약속이 있어서 가는 길이었는데
길가에 벚꽃이 몽글몽글 피어나기 시작하고 있었다.
'벚꽃이 피면 애인이랑 구경 와야겠다' 생각하고
식당에 들어가서 점심을 먹고 나왔는데…
아! 그 사이에 벚꽃이 만개했고,
심지어 꽃샘바람에 분분히 지고 있었다.
한두 시간 사이에 활짝 피어 심지어 지기까지 하다니
그 잠깐 사이가 사실은 며칠이었던가… 아득했다.
한두 시간 사이에 세상이 달라질 수 있는 계절,

그래서 이 봄에 “다음에”라는 말은 금물.

지금 좋은 것이 계속 그 자리에 있을 거라고 장담할 수 없으니까.

나도, 당신도, 이 세상도.

3장

나의 사랑을 새롭게 발명하자

_사랑의 재창조

우리 모두는 자기로 살기 위해 있고, 있어야 한다.
사랑은 파트너가 '자기로 살기 위해 있는 삶'을
지지해주는 구체적인 행동이다.

파트너가 자기로 살 수 있게끔
장점과 가능성을 발견해주고, 이끌어주고,
지지해주는 구체적인 행동이 따라야 하는 것이다.

201

너와 나의 차이를 다루는 방법

#다르다는 것

"네가 왜 그러는지 도대체 이해할 수가 없어!"

많은 연인이 다투면서 하거나 듣는 말이다. 이해할 수 없다는 말은 공감할 수 없고, 동의할 수 없다는 뜻을 전달한다. 비즈니스 관계라면 상대가 이해할 수 있도록 설명하고 설득할 것이다. 연인 관계에서는 곧장 갈등이나 다툼, 비난으로 이어지기 쉽다. 상대가 이해할 수 없다고 지적하는 부분이 논리적으로 설명할 수 없고, 합리적으로 설득시키기 힘든, 나 자신의 일부이기 때문이다. 그 때문에 상대가 "이해할 수가 없어!"라고 단정적인 태도를 보이면 부정당한 느낌이 들어 매우 서운하다. 입장을 바꾸어 상대가 나로서는 이해하기 힘든 태도

나 행동을 할 때도 비슷하다. 불안이 시작된다. '이렇게 다른데 계속 만날 수 있을까?'

알랭 드 보통의 소설 『왜 나는 너를 사랑하는가』에 좋은 예가 나온다. 단추는 클로이가 너도 틀림없이 좋아할 거라고, 너무 멋져서 매일 신고 다닐 거라면서 보여준 구두였다. 나는 구두를 보고 상처를 입고는 속으로 중얼거린다. '어떻게 나의 인생으로 걸어 들어와 나를 사랑하고 이해한다고 주장하는 여자가 이런 구두에 끌릴 수 있을까?'✣

구두 대신에 음악이나 음식, 연예인, 영화, 게임 등을 넣어도 뜻이 통한다. 도대체 이해하기 힘들다. 친구 사이라면 대수롭잖을 일이 연인 사이에서는 위협적인 차이가 된다.

"위협적인 차이는 중요한 점에서 쌓여가는 것이 아니라, 취향과 의견이라는 사소한 점에서 쌓여갔다. 왜 클로이는 파스타를 몇 분 더 끓여 치명적인 결과를 초래하는 것일까? (중략[1]) 왜 그녀는 매일 아침 침실에서 체조를 하는 것일까? (중략[2]) 왜 그녀는 오페라에 좀 더 시간을 내지 않는 것일까? (중략[3]) 왜 그녀는 해물을 그렇게 싫어하는 것일까? (중략[4]) 또는 그녀의 항해에 대한 거부감은? 왜 그녀는 신에 대한 가능성을 열어두

✣ 알랭 드 보통, 『왜 나는 너를 사랑하는가』, p77, 청미래

고 싶어 하는 것일까? (하략[5])”

이 위협적인 차이가 그간 인지하지 못한 자기 취향을 돌아보게 한다. 앞의 문장에서 중략되거나 하략된 문장은 이러하다.

“중략[1] 왜 나는 지금 내가 쓰고 있는 안경에 이렇게 애착을 가지는 것일까? 중략[2] 왜 나는 늘 여덟 시간은 자야 하는 것일까? 중략[3] 왜 나는 조니 미첼에 좀 더 시간을 내지 않는 것일까? 중략[4] 꽃과 정원에 대한 나의 거부감은 어떻게 설명할 수 있을까? 하략[5] 왜 나는 그 문제에 그렇게 폐쇄적인 것일까?”

연애를 하다 보면 서로의 차이만 연거푸 발견하고 거듭 확인하는 시기가 온다. 친구 사이라면 우정을 의심하게 만들지 않지만 연인 사이에서는 사랑을 의심하게 만드는 그런 차이들. 나를 사랑하고 이해한다면서 어떻게 저럴 수 있을까 싶다. 그렇지만 희한할 정도로 관련한 대화를 나누지 않는다. 고작해야 ‘했으면 좋겠다’거나 ‘안 했으면 좋겠다’ 식의 지적뿐, 굳이 설명하거나 설득하고 싶지 않다. 괜히 치사해지는 기분도 들고, 말해봐야 바뀌지 않는다는 사실을 알아서일지도 모르겠다. 불만이 차곡차곡 쌓여 역시나 사소한 계기로 불이 붙어 폭발해버린다.

“몰아치던 폭풍이 절정에 이르러, 클로이가 그 불쾌한 구두 한 짝을 벗었다. 나더러 보라는 것인 줄 알았다. 그러나 좀 더 현실적으로 생각해보니 그것으로 나를 죽이려는 것 같아, 날아오는 투사체를 피해서 고개를 숙였다. 고개는 내 뒤의 유리를 깨고 밖의 거리로 날아가, 쓰레기장의 이웃이 먹다 버린 치킨 마드라스에 꽂혔다."[✣]

연인 사이에 쌓이는 불만은 대부분 취향의 차이에서 비롯된다. '취향의 차이'쯤이야 사랑으로 쉽게 극복할 수 있을 것 같다고 여긴다면 큰 오산이다. 프랑스 철학자 피에르 부르디외에 따르면 '취향이란 인간이 가진 모든 것의 원리'이다. 내가 다른 사람들과 어떻게 다른지 보여주고, 다른 사람들도 나를 구분 짓는 현실적인 증거이다. 그래서 사람을 만났을 때 본능적으로 의식하고, 강렬하게 작용하는 것이 '취향의 차이'이다. 게다가 음악이나 미술, 음식, 문화 등 취향의 차이는 보수적이고 견고해서 웬만해선 바뀌지 않는다. 자기 취향이 옳다고 믿어 상대에게 강요하고, 심지어 계급을 구분하는 장벽이 되기도 한다. 이 때문에 부르디외가 미적 취향은 '가공할만한 폭력성'을 가지고 있다고 주장한 것이다. 그렇다. 상대의 취향을 두고 도대체 이해할 수 없다는 식으로 비난하거나 자기 취향을 강요하면서 바꾸려 든다면 일종의 폭력이다.

상대의 취향은 앞으로도 견고할 것이고 나는 계속 그 취향

✣ 알랭 드 보통, 『왜 나는 너를 사랑하는가』, p88~89, 청미래

이 못마땅할 테다. 이런 상황을 머리로 이해하려거나 해결책을 찾으려 할 필요가 없다. 있는 그대로 받아들이면 된다. 연인 사이의 많은 갈등이 내가 상대와 같아지길 바라는 게 아니라 상대가 나와 같아지길 바라는 데서 비롯된다. 지나치면 상대를 조종하고 통제하는 진짜 폭력이 될 수 있다. 우리는 타인의 행동을 통제할 수 없을뿐더러 그 행동에 반응하는 자신의 감정도 통제하기 힘들다. 통제할 수 있는 것은 자신의 행동뿐이다. 나는 이렇고, 너는 저렇다. 앞으로도 계속 이 점에서는 다를 거라는 사실을 받아들이자.

그래도 못마땅한 거는 못마땅한 거니 이 못마땅함을 표현할 필요는 있겠다. 앞서 말했듯 남의 행동도 자신의 감정도 통제하기 힘들지만 그에 대한 자신의 행동은 통제할 수 있다. 가벼운 농담을 섞은 놀림 정도야 뭐 어떻겠는가. 상대를 조종하려거나 통제하려는 의도가 없고 비난하지 않는 놀림에는 함께 웃을 수 있다. 좋아하는 걸 무너뜨리거나 훼방 놓지 않을 거라는 믿음이 있기 때문이다. 편안하게 자기 취향을 계속 즐기고, 상대의 밉지 않은 놀림에 같이 웃을 수 있다면 그게 서로 사랑한다는 표시다.

서로의 차이를 문제라고 여기면 해결책을 찾아 나서게 된다. 좀처럼 해결책이 나오지 않으니 문제가 점점 더 어렵고 무겁게 느껴진다. 이럴 땐 문제를 문제라고 보지 말고 가볍게 만들어 농담이나 장난 같은 비누 거품으로 불어 날리면서 웃자. 우리는 사랑하는 사람에게 해줄 수 있는 것이 생각보다 많지 않다. 이 사실을 인정하면 신기하게도 나만이 상대에게 해줄 수 있는 것, 우리만 할 수 있는 것이 비누 거품 속에서 반짝이며 떠오른다. 그 이름은 '신뢰'이고, '즐거움'이고, '편안함'이다.

207

가치관이 서로 다를 때 해야 할 일

#가치관의 구축과 창조

취향의 차이가 아니라 가치관의 차이라면 어떨까. 취향이 '좋다-싫다'의 문제라면 가치관은 '맞다-틀리다' 혹은 '해야 한다-하지 말아야 한다'의 문제다. 취향에 의지가 더해지면 가치관이 되기도 한다. 가치관이란 "무엇을 가치 있다고 판단하느냐", "무엇을 가장 소중하게 여기느냐"이다. 대상이나 사물을 보는 관점이자 선택하고 행동하는 원칙으로 작동한다. 서로 가치관이 다르다는 소리는, 관점이 다르고 감정을 느끼거나 행동하는 원리가 다르다는 뜻이다.

가치관의 차이는 취향의 차이보다 더 참기 힘들다. 심지어 혐오감을 느낄 수도 있다. 우리가 '갈등'이라고 붙일 수 있는 대부분의 것, 예를 들어 세대, 젠더, 진영, 빈부, 학벌, 종교 등의 갈등은 가치관의 차이에서 비롯된다. 한때 나도 이런 고민을 많이 했었다. "가치관이 다른데 어떻게 친구가 되고 연인이 될 수 있을까?" 이런 의문은 가치관에 대한 허상에서 생겨난다. 가치관이 나의 것이라는 허상, 가치관은 바뀌지 않는다는 허상.

우리가 가진 가치관이라는 것의 실체는 대부분 스스로 체득하고 깨친 존재의 방식이 아니라 국가나 가정, 학교, 사회, 미디어 등에서 나에게 그렇게 세상에 존재하라고 주입한 결과물이다. 흔히 '통념'이라 부른다. 고정관념이 돼서 생각과 판단을 지배한다. 차곡차곡 오랜 세월에 걸쳐 서서히 젖어 들었기 때문에 마치 자의로 선택하고 결정한 것 같은 착각을 일으킨다. 이런 가치관의 실체를 깨달으면 두 번째 허상은 반동으로 깨진다.

가치관도 얼마든지 바뀔 수 있다. 이걸 가능하게 만드는 것이 '앎의 힘'이다. 끊임없이 새로운 걸 배우고 기존의 가치관이 맞지 않는다면 수정해야 한다. 인생에 한 번쯤은 지금까지 중요하고, 소중하다고 믿은 모든 것을 의심하고, 그것들이 자기 인생을 어떻게 조종하고 있는지 혐의를 두는 시기가 필요하다. 이런 과정을 통과하고 난 다음에 진정으로 소중하고 중요하다고 느끼는 것만이 자신의 가치관, 즉 자기 인생을 꾸리는 원칙이 될 수 있다. 이 때문에 가치관은 체험과 비례해 바뀔 수 있다. 20대 때 가치관이 40대 때도 똑같은 사람은 성실할지는 몰라도 발전하지 않은 사람이다. 가치관이 바뀐 것을 변절자인 양 바라보는 시각도 구태다.

사람은 저마다 다른 기질과 환경, 교육, 체험을 가졌고, 이에 따라 제각각 다른 가치관을 가지고 산다. 그런데 가치관의 차이는 취향의 차이처럼 "너는 네가 좋은 걸 하고, 나는 내가 좋은 걸 하고, 그래서 우리 둘 다 즐거우면 됐지" 하는 식이 되기 어렵다. 또 취향과 달리 가치관을 두고 놀릴 수 없고, 그래서도 안 된다. 가치관은 말 그대로 자기 인생에서 가장 가치를 둔 무엇이기 때문이다. 이러한 것을 농담이나 장난 거리로 만들면 비록 그럴 의도가 아니었어도 비하하는 것으로 들릴 수 있다. 보기에 아무리 이상하고 이해할 수 없어도 가치관의 차이는 존중해야 한다. 그것이 인간관계에서 최소의 예의다. 그렇다면 가치관이 다른 사람끼리 서로 존중하면 얼마든지 행복한 사이가 될 수 있을까?

가치관의 차이가 갈등을 넘어 파트너의 인생까지 망가뜨리는 재앙이 되는 경우는 상당히 흔하다. 가치관이 달라서가 아니다. 가치관이 잘못돼서다. '인생은 한 방'이라는 식의 한탕

주의나 '돈이 최고'라는 속물주의도 문제지만, 자기 이득을 위해서 항상 계산하고 타인을 서슴없이 무시하거나 이용하고, 잘못됐을 땐 남 탓만 하는 '이기주의'야말로 가장 잘못된 가치관이다. 이쯤 되면 당사자들도 자기가 이기주의자인 줄 알 거 같은데 신기할 정도로 모른다. 이기주의자라고 비판하면 펄쩍 뛴다. 간혹 서운하다면서 눈물을 흘리거나 앞으로 조심하겠다고 반성하는 이들도 있다. 몸에 밴 위선이다. 속지 마라.

가치관의 차이로 갈등을 겪는다면 그 원인이 '다르다'인지, '잘못됐다'인지 짚을 필요가 있다. 물증은 필요 없다. 심증으로 충분하다. '잘못됐다'라는 판단이 든다면 각자의 길을 가는 것이 옳다. 잘못된 가치관을 가진 자는 파트너로서뿐 아니라 사람으로서도 가치가 없다. 개과천선의 여지 같은 거 보려고도 하지 마라. 설령 개과천선의 여지가 있다고 해도 내가 할 역할은 없다. 개과천선에 성공한 다음에 보자고 해라. 이럴 때 할 수 있는 비유가 구덩이에 빠진 자를 위에서 끌어올리는 힘과 아래에서 끌어내리는 힘의 비교이다. 구원자가 아닌 이상 대부분 위에서 끌어올리는 것에 실패한다. 아래에서 끌어내리는 힘에 끌려 구덩이에 같이 빠진다. 미련 없이 손을 놓아야 한다. 제 힘으로 구덩이에서 빠져나오게 해야 한다. 내 팔을 자르는 심정으로 구덩이에서 돌아서라. 자신의 힘을 과대평가하지 마라.

가치관이 잘못된 게 아니라 서로 다른 경우에는 사사건건 부딪치기 쉽다. 한편으로는 희극적이기도 하다. 앞서 말했듯 환경이 나한테 주입한 것일 뿐인데 앵무새처럼 따라 읊으며 옳다고, 맞다고 박박 우기는 셈이기 때문이다. 이래서야 싸울 일밖에 없다. 우정이나 사랑은 자신의 가치관을 돌아보고 새롭게 확립할 수 있는 멋진 기회다. 특히 연인이나 부부라면 공동의 가치관을 새로 구축해야 한다.

구체적으로 말하면, 각자의 소중한 시간과 돈, 에너지를 어디에 어떻게 쓸지에 대한 합의가 필요하다. 그런데 그 기준을 편리성, 효율성, 합리성 등에 둔다든가, 무 자르듯 딱 절반씩 양보하는 식에 두면, 쉽게 합의가 이뤄지지 않거나 설령 합의가 이루어졌다고 해도 서운함이 남을 수 있다. 서운함이 차곡차곡 쌓이면 어느 날, 분노에 이른다. 그러니, 상대에 대한 이해가 먼저다. 난관이 따르고 시간도 걸리지만 공동의 가치관을 구축하기로 합의하고 이를 실행하려는 의지를 가진다면 두 사람이 함께할 사랑의 여정에 상당한 행운이 찾아올 것이다. 가치관의 차이를 갈등의 소지로 다룰 것이냐, 행운의 계기로 다룰 것이냐를 결정하자.

사람은 늘 둘 사이에서 오락가락한다. 자기로부터 벗어나고 싶은 갈망과 자기를 고수하고 싶은 갈망이다. 나와 가치관이 다른 상대는 전자의 갈망을 충족시켜줄 수 있다. 사랑은 '나와 다른 사람'이라는 타국으로 떠나는 여행이다(여행이지 이주가 아니다). 그곳에서 지금까지 몰랐던 다양한 삶의 방식과 가치관을 경험할 수 있다. 나의 것으로 받아들이느냐, 아니냐와 무관하게 몰랐던 세계를 체험하는 것만으로 '나'라는 작은 세계가 확실히 이전보다 확장된다. 나를 복사한 것처럼 똑같은 사람을 만날 땐 얻지 못할 이득이다. 무엇보다 이 여행은 무엇이 옳은지 그른지 검증하기 위해서가 아니라 서로 사랑하고 함께 행복해지기 위한 것이 아니겠는가. 그에 부합한 공동의 가치관을 새로 발견하고 창조하고 구축해나가면 된다.

잘못된 게 아니라 단지 다를 뿐인 가치관을 가진 상대라면 신선한 경험을 많이 할 수 있다. 번갈아 리드하면서 서로에게 낯선 타국을 안내하는 것은 필수 코스이며 꽤 근사한 일이다. 이때 상대의 주장에 "그래? 그렇게 생각할 수도 있지" 하거나 상대의 제안에 "그래? 그렇게 해보자"라고 마음을 열어 적극적으로 응답하는 것은 사랑에 마법을 발휘한다. 우리는 아름다운 풍경을 바라볼 때 자신의 주관과 의도를 투영하지 않는다. 효율성이나 합리성을 따지지 않고, 의미를 부여하거나 평가하지도 않는다. 그저 있는 그대로 바라본다. 그러고 있노라면 풍경 속에 내가 스며들어 하나가 되는 느낌이 들어 충만하고 편안하다. 그렇게 사랑이라는 중력을 따라 여행하자.

이따금 생각한다. 우리가 사랑을 해서 네가 변하는 것이 과연 좋기만 한 걸까…. 그 변화가 긍정적이라도 조금 쓸쓸해지는 건 어쩔 수 없다. 내가 처음 반했을 때 네가 발하던 빛이 바래는 것처럼 느껴진다. 변하려고 애쓰지 마라. 나는 네가 너이기 때문에 사랑한다. 나는 '너'라는 이국을 여행하는 것이 참 설레고 즐겁다. 그런데 네가 아니려고 하면 '너'라는 나라의 국경을 폐쇄하는 거나 다름없지 않을까. 그러면 나는 더는 여행할 수 없는 너의 나라를 멀리서 그리워하며 무척 허전해지고 말 것 같다. 그러나 이 또한 거쳐야 할 사랑의 여정이겠지.

오래된 연인은 서로의 오래전 모습을 그리워하고는 한다. 과거의 너와 현재의 너를 비교하면서 그때가 낫다거나 하는 의미가 아니다. 그냥 그렇다는 소리다. 나는 네가 나에게 복속되기 원치 않으며 너의 자주독립을 지지한다.

사랑은
눈으로 들어온다

#사랑의 얼꼴

우리는 '대화'를 나눌 때 의외로 '말'에 집중하지 않는다. 얼마나 집중하지 않느냐 하면 미국의 심리학자 앨버트 메러비안 박사의 조사 결과에 따르면 대화를 나눌 때 말이 차지하는 비중이 8퍼센트라고 한다. 가장 중요한 요소는 시각적인 요소로 55퍼센트를 차지하는데, 이 중 20퍼센트는 태도이고, 35퍼센트는 표정이다. 결국 표정과 태도가 대화의 향방을 가늠한다는 소리가 된다. 사람들이 대화에서 서로 나누는 것이 말보다 표정과 태도라니 얄궂게 들리지만 이는 사실, 고도의 지능을 필요로 하는 일이다. 생각이나 감정을 말에 온전히 담기란 거의 불가능하거나 대단히 어렵다.

또, 하는 말이 당사자의 생각이나 감정과 일치하지 않을 때도 많다. 우리는 말이 미처 전달하지 못하거나 혹은 일부러 전달하지 않는 중요한 정보를 표정이나 자세 등을 통해 알려고 한다. 이럴 때면 자기도 모르게 상대의 얼굴을 더 집중해서 빤히 쳐다보게 되는데, 이목구비가 어떻게 생겼는지 관찰할 때와 전혀 다른 시선이며 실제로 이목구비 대신 이것이 보인다.

'영혼의 생김새'. '얼굴'은 '얼'과 '꼴'을 합친 '얼꼴'에서 유래했다는 설이 있다. '얼'은 '영혼'을, '꼴'은 '생김새'를 의미하니 '얼꼴'은 '영혼의 생김새'이다. 더구나 얼굴 근육은 의식적으로 통제하기 힘들어서 표정을 관리하기 어렵다고 하니 표정이야말로 말보다 더 정확하게 영혼의 생김새를 알려줄 수 있을지 모른다. 우리가 대화를 나누면서 말보다 표정과 태도를 주목하는 것은 바로 그 영혼의 생김새를 유추해내기 위해서일 것이다.

더구나 연인은 서로의 '눈부처'를 볼 수 있을 만큼 가까운 거리에서 얼굴을 마주하니 영혼의 생김새를 더 적나라하게 들여다볼 수 있다. 무엇을 집중적으로 보려 할까. 나는 이 두 가지라고 생각한다. '내가 너에게 중요한 사람인가', '나를 있는 그대로 존중해주고 있는가', 여기에 대한 답을 상대는 얼꼴로 이미 하고 있다. 내가 그 얼굴을 본다. 얼꼴이 말에 반영된다. 내가 그 말을 듣는다. 그러는 나의 얼꼴은 어떻게 생겼을까. 너의 얼꼴은 너의 말뿐 아니라 나의 얼꼴에도 반영될 것이다. 그러므로, 네가 보지 못하는 너의 얼꼴이 궁금하다면 나의 얼굴을 보면 된단다.

217

올바른 대화를 나누고 싶다면

#공감하기의 기술

스티븐 핑거가 쓴 『우리 본성의 선한 천사』에는 이런 흥미로운 구절이 나온다. "오늘날 사람들이 예의 없는 말을 자유롭게 지껄일 수 있게 된 것은 그런 말을 하더라도 오늘 밤에 사지가 찢겨서 죽임을 당할 일이 없기 때문이다." 그의 주장이 과격하게 들리지만 실제로 중세에는 공식적으로, 근대에는 비공식적으로 죽임을 당했다. 예의 없는 말을 지껄이면 말이다.

'삶이 우리를 속일지라도 슬퍼하거나 노여워하지 말라'라는 시구로[✣] 유명한 알렉산드르 푸시킨은 '러시아 문학은 푸

✣ 알렉산드르 푸시킨 시詩, 「삶이 그대를 속일지라도」의 일부

시킨 이전과 이후로 나뉜다'라는 말이 있을 정도로 큰 영향을 남긴 시인이자 소설가이다. 대중적인 영향력도 상당했다. 그러나 서른여덟에 맞은 죽음은 허무했다. 러시아로 망명한 프랑스군 장교 조르주 단테스와 권총 결투를 벌인 끝에 총에 맞아 사망했고, 사건의 발단은 '편지'였다. 푸시킨이 '부정한 여자의 남편'이라는 편지를 받았다. 조르주 단테스의 양부가 벌인 소행이라고 여겨 곧바로 그를 모욕하는 편지를 보냈다. 단테스가 자신의 가문을 모욕했다며 결투를 신청했고, 푸시킨이 받아들였다. 당시 러시아에서는 법적으로 결투를 금지했지만, 공공연히 벌어졌던 모양이다. 심지어 중세에 결투를 신청하는 일은 공식적이었다. 스티븐 핑거가 '오늘 밤에 사지가 찢겨서 죽임을 당할 일이 없기 때문'이라고 쓴 것은 그런 과거를 염두에 두고 쓴 것이었으리라. 이처럼 말은 당장 칼이나 총을 들게 할 만큼 인간의 감정을 직접적으로 타격한다. 그런데도 말을 할 때 가장 간과하는 것이 '감정'이다.

사람은 말을 들을 때 사실보다 감정에 직관적으로 반응하고, 자신의 감정에 의거해 판단하며, 판단에 따라 본능적으로 태세를 갖춘다. 저 말이 나를 존중해서 하는 말인지, 비하해서 하는 말인지 판단하는 것이다. 후자일 경우 본능적으로 반격 혹은 방어 태세가 된다. 이 지경에 이르면 말을 한 사람이 아무리 자신의 의도가 그런 게 아니라고 해명해도 돌이키기 힘들다. 이미 소통의 문이 닫혔기 때문이다. 그러니 애초부터 상대의 공격 또는 방어 본능을 유발하는 말은 금물이다. 어떤 말이 그러할까. 대부분 지적, 지시, 평가, 충고, 조언, 비난의 범주를 벗어나지 않을 것이다. 예를 들어본다. 며칠 전부터 빨간색 옷이 입고 싶었는데 딱 그런 옷이 눈에 들어와 통 크게 쇼핑했다. 옷을 입고 나갔는데 상대가 아래와 같이 말한다.

"너 오늘 입은 옷 색깔이 너무 튀지 않니?" (지적)
"다시는 그 옷 입지 마." (지시)
"그 옷을 입으니까 뚱뚱해 보여." (평가)
"앞으로 빨간색은 입지 않는 게 좋겠어." (충고)
"너는 파란색이 잘 어울리는 거 같아." (조언)
"떡볶이냐?" (비난)

앞선 말들은 내용인즉 '맞다'. 그래서 더 기분 나쁘다. 딱히 반박할 말을 찾지 못해 억울한 기분마저 든다. 기분 상한 티를 내기도 애매하다. "너를 위해서 한 말인데 삐지다니, 밴댕이 소갈딱지냐?" 같은 비난을 듣거나 그런 생각을 하게 만들까 봐서다. 앞의 '맞는' 말을 듣고 기분이 상했다면 누구 잘못일까?

전적으로 말한 사람 잘못이다. 일단 분위기 파악을 하지 못했다. 입고 나온 빨간 옷이 옷장 안에 있다면 모를까, 큰맘 먹고 구매한 새 옷이 아닌가. 더구나 그 새 옷을 차려입고 나온 의도가 무엇이겠는가. '대화'는 '마주 대하여 이야기를 주고받는 것'이다. 일방적으로 주기만 하거나 받기만 하는 것은 대화가 아니라 자기 소리를 던지는 거고, 상대의 소리를 받아내는 거다.

올바른 대화는 A가 B에게 말을 할 때 B가 그 말에 대해 말을 할 수 있는 빈칸을 남겨두고 하는 것이다. 지적, 지시, 평가, 충고, 조언, 비난 등을 대화라 할 수 없는 이유는 빈칸 없이 자기가 옳다고 생각하는 내용만 꽉 채워 일방적으로 전달하기 때문이다. 여기에 듣는 사람의 기분이나 감정에 대한 배려는 없다. 옳은 말을 해서 실질적으로 도움을 주는 것이 효율적이고 바람직하다는 신념을 가진 이들이 적지 않다. 여기에는 자기가 옳은 말을 하면 상대가 바뀔 거라는 오만이 깔려있다. 의식하지 못했다 하더라도 상대를 수직적인 관계에 두고 자신의 바람이나 의도, 목적대로 통제하거나 조종하고 싶은 의도가 숨어 있다. 듣는 이를 부족하고 모자란 사람으로 만들고 만다. 당연히 기분 상할 수밖에 없다.

사람은 감정이 상하면 다 상한다. 밴댕이 소갈딱지라서가 아니다. 남녀의 차이도 아니다. 이 말을 다시 강조하고 싶다. “남녀의 차이가 아니다.” 당연히 남성도 말에 쉽게 상처받는다. 또, 대화에서 효율성을 추구하는 여성도 많다. 이런 경우 왜 대화를 나누다가 쉽게 상처를 받거나 반대로 상처를 주는지 미처 깨닫지 못해서 계속 헤맨다. 대화를 나누다가 감정이 상하는 이유는 서로의 차이를 발견해서가 아니다. 그 차이를 존중하지 않아서다. 심지어 지적, 지시, 평가, 충고, 조언, 비난 등으로 밀어붙여 상대를 굴복시키려 하기 때문이다. 이런 식으로는 내용이 아무리 옳고 유익해도 귀에 벽을 친 것처럼 들리지 않는다.

많은 이들이 ‘존중한다’를 ‘동의한다’와 같은 뜻으로 간주한다. ‘존중’은 귀하게 대한다, ‘동의’는 의사나 의견을 같이한다는 뜻이다. 존중과 동의를 분리할 필요가 있다. 존중해도 동의하지 못할 수 있고, 동의하지 못해도 존중해야 한다. ‘있는 그대로 존중한다’라는 말은 ‘상대의 자율성을 우선적으로 중요하게 여긴다’는 의미이기도 하다. 존중하고 동의할 수 있다면 최상이겠으나, 존중하지만 동의할 수 없을 때 의사 표현은 어떻게 해야 할까. 지적, 지시, 평가, 충고, 조언, 비난 등을 담지 않고 담백하게 사실과 정보를 말하면 된다. 앞서 쓴 ‘빨간 옷’을 예로 든다면,

"빨간색 옷을 입고 싶다고 하더니 드디어 장만했네?" (관심 표현)

"마음에 들어?" (감정 확인)

상대가 마음에 든다고 했을 경우, "네 마음에 들어서 기분 좋겠네." (인정해주기)

마음에 들지 않는다고 했을 경우, "네 마음에 드는 빨간색 옷이 잘 없나 봐." (인정해주기)

그 옷이 상대에게 어울리지 않는다고 말하고 싶다면 '정보'만 말하면 된다. "지난번에 파란색 옷도 너한테 잘 어울렸어." (정보 말하기)

딱 여기까지. 감정을 싣지 않은 사실과 정보를 전달하고, 네가 어떤 선택을 해도 너를 지지하는 마음은 변함없다는 뉘앙스를 전달한다. 부정적인 정보가 아니라 긍정적인 정보를 주는 경우, 대부분 상대가 참고하기 마련이다. 뭐, 아니면 할 수 없고.

상대가 받아들이지 않을 때 '나를 무시하는 거냐?'라고 속 앓지 말고 "아니면 할 수 없지"라고 유연한 태도를 갖는 것은 상대도 상대지만 내 마음을 편안하게 해준다. 사랑하는 관계에도 일정한 거리가 필요하다는 말은 서로의 '자율성'을 인정하라는 뜻이다. 그런데 아주 최악의 경우, 상대가 입은 옷이 정말 창피할 정도라고 치자. 이럴 때는 어떻게 해야 할까.

내가 갓 스물일 적에 찢어진 청바지를 입고 빨간색 손수건을 밴드처럼 머리에 두르고, 아무튼 지금 생각해도 해괴한 옷차림으로 집에서 나설 때였다. 마침 엄마도 외출하던 차였고 공교롭게도 약속 장소가 같은 동네라 함께 지하철을 타게 되었다. 빈자리가 많았는데 엄마는 내 옆에 앉지 않고 멀찌감치 대각선으로 떨어진 자리를 골라 앉으셨다. 그런 다음 나를 보고 말없이 고개를 절레절레 저었다. 역에 도착해 계단을 오르는데도 자꾸 나하고 거리를 두셨다. 절정은 역 앞에서 엄마가 친구분과 만나실 때였다. 내가 인사드리려고 하는데 엄마가 친구분이 나를 볼 수 없도록 얼른 팔짱을 끼워 돌려세우더니 빠른 걸음으로 막 도망(?)가시는 거다. 행여나 친구분이 뒤를 돌아볼까 봐 단속하시면서 말이다. 뒤에 남겨진 나는 황당해서 멀거니 쳐다만 보는데 서운하다기보다 웃겼다.

그날 저녁 물었다. "엄마는 내가 창피했어?" 그러자 이렇게 말씀하셨다. "친구가 너 볼까 봐 아주 그냥 조마조마했네." 그날 엄마는 내 옷차림에 대해서 아무런 지적이나 비난을 하지 않았다. 대신 나와의 거리 두기를 충실하게 실천하셨다. 이날의 일로 내가 찢어진 청바지를 더 이상 입지 않았다거나 그런 일은 없었다. 계속 입었다. 그래도 엄마와 외출할 때는 입지 않았다.

신뢰를 쌓는 대화의 기술

#존중, 수용, 경청

존중하는 마음은 '경청'에서 드러난다. 대화하다 보면 질문을 하고선 정작 대답에 집중하지 않는 모습을 자주 보고는 한다. "잘 잤어?", "밥은 먹었어?", "오늘 일은 잘했어?" 같은 일상적인 질문에서 특히 그렇다. 상대를 존중하는 마음을 가진 사람은 사소하고 일상적인 질문에 대한 대답을 관심을 가지고 듣는다(이때 휴대폰 같은 거 하면서 듣지 말고, 상대의 눈을 바라보는 수평의 자세로 바꾼다면 더 좋다). 또 그 대답에 대해 긍정적이든, 부정적이든 어떤 평가도 내리지 않는다. 오로지 궁금하다는 표정으로 집중해서 듣는다. 이 대목에서 상대가 어떤 말을 할지 뻔해서 사실은 크게 궁금하지 않다고 할 수도 있겠다. 그렇게 생각하니까 상대가 간단하고 뻔한 말만 하는 거다. 자기 말을 관심 있게 들어줄 거라는 신뢰가 없기 때문이다.

우리는 고도의 지능을 가진 인간인 탓에 경청할 때 의도나 감정 등을 예측하는 데 많은 힘을 쓴다. 문제는 그 지능이 매뉴얼을 만드는 데도 탁월해서 '저렇게 말하는 걸 보니까 이런 거겠군', '이런 걸 테니까 나는 그렇게 해야겠네' 하는 식으로 예측하고 있다는 것이다. 그런데 그 예측은 자기 관점에서 벗어나기 힘들다. 자기라는 종지에 상대라는 사발을 욱여넣으려는 모습을 떠올려보라. 종지에 사발이 들어가겠는가. 멈추지 않으면 종지가 깨지고 말 것이다.

그런데 현실에서는 각자 자기가 사발이고 상대를 종지라고 여긴다. 자기라는 사발에 상대라는 종지를 집어넣는 식으로 대화가 이루어진다. 상대의 의도나 감정을 줄잡아 판단하고 평가한 뒤엔 나머지 말이 귀에 잘 들어오지 않고 지루하다. 그래서 경청에 집중하기보다 자기 할 말을 생각한다. 이런 태도는 상대에게 고스란히 읽힌다. '내 말을 제대로 듣지 않고 있군' 그리고 이런 느낌으로 이어진다. '내가 너에게 중요한 사람이 아닌가 봐' 즉, 존중받지 못하고 있다고 생각하고, 더 이상 상대를 신뢰할 수 없게 된다. 이런 상태에서 조언이나 충고는 불난 집에 기름을 붓는 격이다.

존중하는 대화란 상대의 말에 무조건 동의하며 맞장구를 치는 게 아니다. 상대가 말하는 동안에는 자기 관점을 내려놓고, 섣불리 예측하려 하지 말고, 판단과 평가를 유보하는 것이다. 이런 경청의 자세는 상대에게 내 말을 귀 기울여 듣고 있구나 하는 안도와 신뢰감을 주고, 자기 관점에 갇혀있으면 계속 몰랐을, 상대에 대한 새로운 정보를 얻을 수 있다.

더불어 중요한 경청의 자세는 상대가 말하는 '사실'보다 '감정'을 들으려 하는 것이다. 예를 들어 상대가 "회사에서 후배가 내 지시를 따르지 않고 멋대로 일을 처리했어!"라고 말할 때, 내게 알리고 싶은 것은 고발이 아니다. 그 후배 때문에 마음이 상했다는 것이다. 이걸 몰라주고 도대체 어떤 지시를 내렸냐는 둥, 그 후배가 어떤 인간이냐는 둥, 뭐 그런 일 때문에 기분 나빠하느냐는 둥의 말은 상대의 기분 나쁜 상태만 엿가락처럼 늘릴 뿐이다. 이럴 때는 "그래서 네가 많이 화가 났구나. 속상했겠네. 자존심도 상하고"라고 상대의 감정에 포커스를 맞추는 것이 좋다. 물론 그날의 진실이 상대가 처신을 잘못했고, 후배가 제대로 대응한 것일 수도 있다. 그러나 친밀한 관계에서는 어떤 경우에도 진실을 파헤치는 기자나 유·무죄를 판결하는 재판관처럼 굴면 안 된다. 충고나 조언을 절대 삼가야 한다는 소리가 아니다. 신뢰가 먼저라는 의미다.

신뢰를 주기 위해서는 상대의 감정을 수용하고, 수용했음을 말이나 행동으로 표현하기가 필요하다. 여기서 '수용' 역시 '동의'와 같은 뜻이 아니다. 동의는 잘잘못이나 네 편 내 편 같은 판단을 전제하고 있다. 수용은 선을 긋지 않는다. '너에게는 너의 감정을 표현할 권리가 있고, 나는 너의 감정을 함부로 판단하거나 충고하지 않을 거야. 있는 그대로 보여줘도 괜찮아. 우리 관계에 아무런 영향도 끼치지 않을 거야. 안심해'라는 마음으로 상대의 감정에 응답하는 것이다. 대화에서 이와 같은 긍정적인 경험이 쌓이면 서로를 신뢰할 수 있게 된다.

그런데 이 대목에서 흐름을 깨는 소리 같지만 연애 선수들이 상투적으로 쓰는 수법이기도 하니, 고작 몇 번 긍정적인 대화를 나누었다고 덜커덕 신뢰하지는 말고, 천천히 시간과 함께 깊어지는 것이 좋겠다. 다시 본론으로 돌아와서, 시간과 신뢰를 함께 쌓은 다음에는 더 이상 충고나 조언이 껄끄럽게 들리지 않고, 귀 기울일 수 있다. 진심으로 믿을만하기 때문이다. 심지어 "떡볶이냐?" 같은 말도 비난이 아니라 유머로 받아들여 깔깔대며 웃을 수 있다. 나를 인신공격하는 게 아니라는 사실을 알기 때문이다.

한 가지 질문을 남긴다. 상대가 "내가 며칠 전부터 계속 배가 아픈데 아무래도 검사를 받아봐야 할 거 같아"라고 할 때,

듣고 싶은 말이 설마 "얼른 병원에 가 봐" 일리 없다("병원에 가 봐"라는 답을 듣고 싶었다면 "내가 배가 계속 아픈데 어느 병원에 가는 게 좋을까?" 하고 물었을 것이다). 숨은 감정은 '혹시 큰 병이면 어쩌지?' 하는 불안이다. 이런 감정을 읽었다면 어떻게 하는 게 좋을까.

이해하지 못해도 공감할 수 있다

#사랑하는 마음의 실체

연인의 생각이나 감정 등에 동의하기도, 공감하기도 힘들 때가 있다. 사실을 밝히면 서운해할까 봐 차마 밝히지 못하기도 한다. 실제로 "나는 그렇게 생각하지 않는데? 나는 네 생각하고 달라"라거나 "그게 뭐가 기분 나쁘다는 거야? 난 아닌 거 같은데"라고 했다가 다투는 경우도 흔하다. 동료나 친구가 그렇게 나오면 그렇게까지 서운하지 않을 일이 왜 유독 연인 사이에는 서운하고, 심지어 분노까지 유발할까.

'깻잎 논쟁'이 한동안 화제였다. 자신, 자신의 연인, 자신의 이성 친구가 함께 밥을 먹을 때 이성 친구가 먹으려는 깻잎장

아찌의 깻잎을 연인이 떼어줘도 괜찮으냐는 질문이다. MZ 세대에게 논쟁거리였지만 신호탄으로 쏘아 올린 이들은 60대 노사연-이무송 부부였다. 깻잎 논쟁이라는 말이 나오기 전에 나는 그 장면을 TV로 시청했다. 노사연 씨가 남편이 다른 여자의 깻잎을 잡아줘서 싸운 적이 있다면서 아직도 그때의 화가 풀리지 않는다는 듯 말했는데, 솔직히 나로서는 그게 그렇게까지 질투 날 일이고 싸울 일인지 공감하지 못했다.

그러나 이 논쟁의 초점은 제3자의 입장에서 평가하는 것이 아니라 '실제 자신이라면?'에 있다. 새로 설정해서 상상해보았다. 나, 나의 연인, 나의 동성 친구가 함께 식사하는데 내 연인이 내 친구의 깻잎을 잡아준다. 음… 여전히 질투가 나지 않고 왜 싸우는지 모르겠다. 그래서 다시 설정한다. 그, 그의 연인인 나, 그의 동성 친구가 함께 식사하는데 내가 그의 친구의 깻잎을 잡아주었다. 그가 "아니! 왜 잡아줘? 나 밥 먹는 거나 보라고!" 한다. 나는 그가 왜 화를 내는지 이해할 수 없다. 그러니 앞으로도 남의 깻잎 떼어주지 말라는 말에 동의할 수 없다. 이럴 때 어떻게 해야 할까.

연인 관계는 상당히 특수하다. 반쪽이 반쪽을 만나 온전한 하나가 되는 이야기에서 핵심은 인간이라는 존재가 본디 반쪽이냐, 아니냐가 아니라 둘이 하나가 되는 것에 있다. 연인이 되면 하나라는 일체감이 생기고, 그 일체감이 가슴에 따뜻한 밀물이 차오르는 것처럼 지극한 만족감을 준다. 꼭 하나인 듯 내가 즐거워하면 상대도 즐거워하고, 내가 슬프면 상대도 슬프고… 둘의 마음이 하나가 되어 출렁이는 감동은 사랑하는 사이가 아니면 일어나지 않는다.

그러다 내가 싫어하는 것을 상대가 좋아하며 즐기거나, 내가 즐거워하는 것을 상대가 싫어하거나 방해하는 일이 벌어지면 엄청난 균열을 느낀다. 하나였다가 둘로 갈리는 지진이 발생한 것이다. 연인이나 부부 사이의 갈등은 동료나 친구 사이에 흔히 벌어지는 갈등과 차원이 다르다. 즉 동료나 친구 사이에 벌어지는 갈등을 분석하고 해결하는 방법을 연인이나 부부에게 적용하는 것은 맞는 듯 맞지 않다. 연인 사이의 미묘한 갈등은 서로를 분리할 수 없고, 분리하고 싶지 않은 감정을 미처 헤아리지 못하는 데서 생겨난다.

그러니까 '깻잎 논쟁'은 떼어주는 것이 옳으냐, 떼어주지 않는 것이 옳으냐를 두고 논쟁하는 게 아니라, 질문을 받은 사람이 연인의 입장이나 감정을 배려하는 사람이냐, 아니냐를 시험하는 것이다. 여기에 대한 답은 '연인이 그런 거 싫어하는 사람이면 하지 말고, 상관없어하는 사람이면 해도 된다'이다. 만약 자신의 연인이 그런 거를 싫어하는지, 상관없어하는지도 모른다면, 연인에 대한 관심이 필요하다 하겠고, "내 성격은 원래 그래. 깻잎 붙잡고 떼기 어려워하는 걸 보면서 어떻게 그냥 놔두냐고" 같은 말은 논점에서 벗어난다. 연인이나 부부 사이에 "내 성격이 원래…" 같은 말은 가급적 하지 않는 것이 좋다. "그러니까 나한테 이래라 저래라 하지 마"라거나 "내가 너하고 나 사이에 선 그어놓은 거 봤지? 이 선 안으로는 들어오지 말라고" 같은 경고나 다름없이 들려서 대책 없이 서운하다. 더구나 어른이 '성격' 운운하는 말은 아무 무게감이 없어서 듣는 이에게 "그래서 뭐? 나도 내 성격 있어" 같은 여파밖에 남기지 못한다.

연인 사이에 일어나는 비합리적이고 미묘한 갈등은 서로를 분리할 수 없고 분리하고 싶지 않은 감정, 또 상대에게 가장 중요한 사람이고 싶은 갈망을 배려하지 못하는 데서 생긴다는 사실을 알면, 상대의 말이나 감정 등을 아무리 이해하기 힘들고, 동의할 수 없고, 공감할 수 없다고 해도 최소한 조심스럽게 다룰 필요성을 느낀다. "그렇게 생각하는 네가 이상한 거야", "다른 사람들은…", "내 성격은 원래…" 같은 말은 얼마나 미숙하고 섣부른가.

사실, 동의할 수 없는 말을 도중에 끊지 않고 끝까지 (끝이 없는 경우도 있기는 하다✢) 듣는 일은 곰이 웅녀가 되는 만큼이나 인내력이 필요하다. 그래도 내가 관심을 가지고 너의 말을 집중해서 듣고 있다는 신뢰를 줄 수 있어야 '동의하기 힘들다'는 반응도 존중받을 수 있다. 또 상대의 말이 끝나자마자 냅다 동의할 수 없다고 표현하기보다 상대가 말하는 사실과 감정 등을 제대로 이해했는지 확인하는 과정이 필요하다. 스스로 생각하기에 아직 이해가 부족하다면 묻자. "내가 아직 이해하지 못해서 그러는데 좀 더 자세히 얘기해줄 수 있어?" 그리고 확인하자. "내가 이렇게 이해했는데, 맞아?" 하고.

이런 일은 주로 내가 쉽게 이해하기 힘든 이야기를 들었을 때 생기므로 대화를 반응 대 반응으로 쉴 새 없이 메우려 하지 말고, 잠시 여백의 시간을 갖는 것도 좋다. 이때 아무 말도 없이 생각에 잠기면 상대가 '내 말을 듣기는 들은 거야?', '왜 저렇게 아무 말도 없어? 기분 나쁜가?' 등으로 오해할 수 있으니 "생각 좀 해볼게. 잠깐 기다려줄래?" 하고 양해를 구하면 상대가 불안해하지 않고 기다릴 수 있다. 개인적으로 대화에서 이런 습관을 들이면서 실수를 많이 줄일 수 있었다. 이전까지 순전히 내 관점에서 내 멋대로 판단하고 평가하고 예측하느라 잘못 이해하고 섣부르게 말하고는 돌아서서 "이게 아닌데…" 하는 날들이 많았다.

✣ 같은 말이 계속 반복되는 식으로 끝이 없을 경우에는 상대가 말을 할 만큼 했다 싶을 때 자연스럽게 화제를 돌리는 쪽으로 유도하는 것도 좋은 방법이다. "이제 우리 밥 먹으러 갈까?", "산책하러 나갈까?" 하는 식으로 장소를 바꿔 보는 것도 좋다.

상대가 왜 그렇게 생각하고 느끼는지에 대한 배경을 충분히 알면 "그래, 그렇게 생각할 수도 있겠구나" 하면서 이해할 수 있다. 그래서 동의할 수도 있지만 여전히 동의하지 않을 수도 있다. 그런 건 아무래도 사안에 따라 다를 것이다. 그래도 앞서와 같은 격을 갖추면 동의하지 않아도 존중할 수 있다. 이런 존중은 자기 자신과 상대에 대한 신뢰에서 나온다. 두 사람이 그러할 수 있다면 어떠한 차이가 있더라도 첨예한 대립으로 각을 세우지 않는다.

만약 상대가 정말로 나를 무시해서 사사건건 부정적으로 나오는 것 같다고 느낀다면 간결하고 솔직하게 감정을 알리자. "날 무시하는 거냐? 네가 뭐라고?" 이렇게 말하면 안 된다. 이런 폐쇄형 말에는 '그렇다', '아니다' 둘 중 하나밖에 답이 없고, 어떤 답을 들어도 다 기분 나쁘다. 개방형 말을 하는 것이 좋다. "그렇게 말하면 나를 무시하는 것처럼 들려서 기분이 좀 그래. 내가 오해하지 않게 정리해서 다시 말해줄래?"

반대로 진심으로 존중하는 연인의 감정에 공감하고 싶은데 아무리 하려 해도 안 될 때가 있다. 이런 경우에 사례가 될 수 있는 릴스를 SNS에서 보았다. 대형 마트의 경사형 무빙워크 앞에 한 성인 남성이 서 있다. 타려고 한 발 내디뎠다가 겁먹은 표정으로 물러선다. 사람들이 그의 앞을 무심히 지나치고, 저러다 언제 탈 수 있으려나 싶은데, 무빙워크를 타고 저만치 갔던 한 남성이 돌아보며 묻는다. "겁이 나세요?" 그러고는 카트에서 손을 놓고 갔던 길을 되짚어 다가오더니 "무서워요? 나도 그럴 때가 있어요. 내 손을 잡아요" 하며 손을 잡아준다. "긴장하지 말아요. 전 항상 겁이 나요" 같은 선의의 거짓말로 긴장을 풀어주며 자연스럽게 경사형 무빙워크로 이끈다. "제가 얘기하면 발을 떼세요"라는 조언도 잊지 않는다. 그의 아들로 보이는 어린이도 용기를 북돋운다. "걱정 마요. 전 배트맨이에요." 하면서 겁먹은 남성의 다른 손을 잡아준다.

이 릴스는 '친절은 사랑이다'라는 제목으로 소개되었지만 성인 남성이 경사형 무빙워크를 무서워서 못 타는 감정을 수용하지 않았다면, 나오지 않았을 친절이다. 상대의 감정이 어떠할 때, 비록 당장은 이해할 수 없더라도 상대의 감정을 있는 그대로 받아들여 어떠한 도움을 줄 수 있을지에 집중하는 것이 좋다.

사실 인간관계에서 '이해'는 거의 최종 단계가 아닌가 싶다. 그러나 우리는 완전히 이해하지 못해도 공감할 수 있고, 동의하지 못해도 존중할 수 있다. 그 반대는 불가능하다. 존중하지 않으면서 동의하는 것, 공감하지 못하면서 이해하는 것은 사랑하는 마음이 아니다.

나는 사람들이 대화를 나눌 때 '유능한 기술자'가 아니라 '서투른 시인'이 되려 했으면 좋겠다. 기술자는 능숙하게 다루려 하지만 시인은 있는 그대로를 섬세하게 보려 한다. 기술자는 실용적인 것을 제조하려고 하지만 시인은 아름다운 것을 창조하려고 한다. 사람은 실용적인 것들로만 살 수 없다. 무용하게 반짝이는 것 없이 살지 못한다. 감탄사 없이 살지 못한다.

사랑하는 사람과 함께하는 삶만이 정답은 아니다

#스스로 채우기

아무도 내게 왜 사랑을 하고 싶으냐고 물은 적 없지만 20년 전이라면 이렇게 답했을 것이다. "나한테도 누가 있어야겠어!" 같은 질문에 많은 이들이 비슷한 마음으로 답할 것 같다. "내 편이 있으면 좋겠어", "평생 짝꿍을 만나고 싶어", "혼자니까 외로워", "이제 나도 안정적으로 살고 싶어" 제각각의 답변 같지만 결국은 같은 기대감이다. "사랑을 하면 내 부족함이 채워져서 정서적으로 충만하고 안정될 것 같다."

실제로 이상형을 물으면 '내 부족함을 채워줄 수 있는 사람'을 꼽는 이들이 많고, 그런 사람을 발견하면 첫눈에 반하기 마련이다. 사랑이라고 하지만 실체는 의존할 대상을 사랑하기로 선택하는 것이다. 이것은 마치 두 손에 빈 그릇을 받쳐 들고 내밀며 "나, 너 사랑해. 그러니까 내 빈 그릇 좀 채워줘!" 하는 모양새나 비슷하다. 어쩔 수 없이 인간의 솔직한 욕망이자 기본적인 사랑의 속성이다. 그러나 상대를 존재가 아닌 대상으로 바라본다는 점에서 '나와 너의 관계'가 아니라 사실상 '나와 그것의 관계'이다. '그것'이 자신의 부족함을 채워줄 수 없다는 사실을 깨달을 때 연애는 종지부를 찍는다.

앞선 글에서 '그릇'은 하나의 은유이다. 사람의 일생은 단 한 줄로 압축하면, '먼지에서 먼지로'. 우주에는 별이 연소하거나 빛을 내는 과정에서 만들어져 우주를 떠다니다가 지구로 쏟아지는 물질이 있다. 바로 '우주 먼지'다. 천문학자들은 '모든 생명체가 별의 먼지'라고 말한다. 우주 먼지가 생명의 기원이 됐을 거라는 주장이다. 그리고 아주 오래전, 이탈리아 로마의 카타콤베에서 세월에 풍화된 시신을 본 적 있다. 머리카락 몇 올만 남고 뼈조차 흔적 없었다. 그럼에도 시신임을 알아볼 수 있었다. 사람의 누운 형태가 머리부터 발끝까지 먼지로 쌓여 있었다. 정말로 사람이 먼지가 되었다. 인간은 먼지로 만든 그릇 같은 존재, 일생이 이 빈 그릇을 채우고 싶은 갈망으로 고달프다. 좀처럼 채워지지 않아 괴로워지면 깨져버린다. 그릇이 깨지면 둘 중 하나가 된다. 누구라도 베고 싶은 칼이 되거나 혼자서도 빛이 나는 사금파리가 되거나.

우리는 저마다 부족한 면을 가지고 있다. 그런데 한번 생각해보자. 예를 들어 "나는 너무 지루한 성격이야. 그래서 활달하고 재미있는 사람이 좋아"라고 한다면 본인이 활달하고 재미있는 사람이 되려고 노력하면 어떨까. "나는 자신감도 부족하고 사회적인 능력도 부족해서 자신감에 넘치고 사회적인 능력도 출중한 사람이 좋아"라고 한다면 이제부터라도 자신감을 가지고 사회적인 능력을 쌓기 위해 노력하면 어떨까. 또 정서적인 안정감을 찾기 위해 사랑하고 싶다고 한다면 혼자서도 안정감을 누릴 수 있는 방법이 다양하게 많다. 자기에게 맞는 방법을 찾으면 된다.

사랑은 본질적으로 불확실하다. 안정감을 찾기 위해서라고 한다면 번지수를 잘못 찾았다. 사랑하고 싶은 이유가 자기에게 부족한 점을 채우기 위해서라고 한다면 스스로 묻자. "내가 찾는 그런 사람이 내가 될 수는 없는가?", "내가 기대하는 사람이 바로 내가 될 수는 없는가?" 하고. 즉각적으로 "될 수 있다"라고 답하는 이는 극소수일 것이다. 될 수 없기 때문에, 되기 힘들기 때문에 타인에게 기대하는 걸 테니까. 그렇지만 유아적이거나 유혹적이거나 하는 태도로 빈 그릇을 내밀며 "이것 좀 채워 줘!" 하는 식의 관계는 아무리 생각해도 뻔뻔하다. 상대가 채워주지 않으면 원망하고 비난할 것이 불 보듯 뻔하다. 이들에게 "사랑한다"라는 말은 "사랑해줘"라는 말과 이음동의어이다. 사실 '사랑'이라 말하기도 부끄러운 상태지만.

사랑하는 사람은 나와 함께 '있는' 사람이다. 나를 '위해 있는' 사람이 아니다. 나 역시 사랑하는 사람을 위해 있는 사람이 아니다. 우리 모두는 자기로 살기 위해 있고, 있어야 한다. 사랑은 파트너가 '자기로 살기 위해 있는 삶'을 지지해주는 구체적인 행동이다(방해만 안 하는 것을 지지라고 할 수 없다). 파트너가 자기로 살 수 있게끔 장점과 가능성을 발견해주고, 이끌어주고, 지지해주는 구체적인 행동이 따라야 하는 것이다. 아무리 친밀감과 열정, 헌신이라는 사랑의 삼각형 요소가 충족되더라도 정신적으로 함께 성장하지 못하는 사랑은 끝내 허무해지고 만다. 사람은 사랑 없이 살 수 없지만, 사랑만으로도 살 수 없다. '사랑만' 있는 연인 관계는 오래 지속되기 힘들다. 나는 사랑에 있어 '함께 성장하는 것'이야말로 가장 중요한 요소라고 생각한다.

이러한 결론에 다다르기까지 제대로 겪고 인정한 진실이 있다. '말하지 않아도 내 결핍을 알아주고 채워줄 사람은 현실에 존재하지 않는다'이다. 그런 건 아무래도 천사의 일이다. 또 결핍된 것을 채우려고 들면 소금물을 들이키는 것처럼 끝이 없다. 그렇다고 결핍을 무시하거나 간과해도 곤란하다. 결핍을 결핍으로 직시하고 그것에 대해 내가 할 수 있는 일과 할 수 없는 일을 분간하면 더 이상 결핍과 무의미한 전투를 벌이지 않아도 된다. 지난한 과정이다. 그래서 대다수가 타인을 통해 채우려고 하는, 쉬운 길로 가려고 한다. 당장은 쉬운 길 같아 보이지만 멀리 돌아가는 길이다. 원점으로 돌아올 것이다. 그리하여 나라는 그릇이 깨지고 말았을 때, 기억하기 바란다. 인생이라는 기출문제에 사랑하는 사람과 함께하는 것이 모범답안이라는 고정관념을 버려라. 누가 내 빈 그릇을 채워주지 않아도 스스로 채울 수 있다는 사실을 믿어라.

이제 누군가 내게 왜 사랑을 하고 싶으냐고 물으면 '함께 성장하는 즐거움을 누리고 싶어서'라고 답하겠다. '서로의 성장에 관심을 가지고 인정해주고 축하하는 일상을 축적하고 싶어서'라고 하겠다. 바로, '영혼의 동반자'이다. 그리고 이처럼 관계에서 무엇을 원하는지 스스로 명확히 아는 것은 생각보다 상당히 중요하다. "당신은 왜 사랑을 하고 싶어?", "세상에 하고많은 사람 중에 왜 그 사람을 사랑해?"라는 질문에는 "그래서 당신의 진정한 욕구가 무엇인가?", "당신은 당신의 결핍을 어떻게 처리하고 있는가?"라는 뼈가 있다. 사람은 계단식으로 성장하고, 현재 어느 계단에 서 있느냐에 따라 답도 달라질 것이다. 뭐라 답하든, 그 질문의 뼈를 취하는 일, 즉, 관계에서 자신의 간절한 욕구를 파악하고 해결하기 위해 어떻게든 총력을 기울이기 바란다.

대부분 처절하게 실패할 것이다. 실패를 새로운 사랑으로 성급히 덮으려 하지 마라. 혼자만의 시간을 가지며 충분히 애도하면 매우 값진 교훈을 얻을 수 있다. 결핍이 곧 자기 자신임을 승인하고, 더 이상 결핍을 상대에게 투사하지 않는 평안한 관계를 맺을 준비를 할 수 있을 것이다. 그리고, 기다려라. 혼자여도 충만한 나날을 보내라. 그렇게 미래의 연인에게 큰 기쁨이 될 '나'라는 선물을 준비하라.

1층에서 곧바로 10층으로 올라갈 수 있는 방법은 없다. 엘리베이터를 탈 수도 있지 않을까 하고 기대하지 말기를. 사랑을 포함해 모든 인간관계에서 엘리베이터를 탄 것 같은 기분이 든다면 속고 있거나, 속이고 있거나 둘 중 하나일 가능성이 농후하다. 그러나 이보다 더 큰 불행은 거부당할까 봐, 버림받을까 봐 두려워 관계를 맺으려 하지 않거나 먼저 도망치는 것이다. 이런 삶은 슬픔도 없지만 기쁨도 없다. 살았는지 죽었는지 실감 나지 않는 삶이다. 거부당하거나 버림받는 것은 영혼이 미어져 황폐해지는 고통이지만 사랑하기를 멈추지 않는 한 피하기 힘들다. 걱정하지 마라. 그러는 자, 최후의 영웅이다. 세상 사람들의 비웃음을 두려워하지 마라. 그들이 모르는 보물을 가슴에 안게 될 것이니.

만약 한 번도 거부당한 적 없고, 버림받은 적 없다고 큰소리치는 사람을 본다면 비웃어주라. 그는 혼자만의 정신승리에 도취해 있거나, 인간관계에서 한없이 수동적이거나, 누군가를 온 힘을 다해 사랑해본 적 없는 사람이다. 사랑이 없는 사람은 아무도 미워하지 않는다. 아무도 미워해 본 적 없는 사람을, '인간성이 좋다'고 미화하지 마라.

"나는 사랑한다. 상처를 입어도 그 영혼의 깊이를 잃지 않으며 작은 체험만으로도 멸망할 수 있는 자를. 그런 자는 이렇게 하여 즐거이 다리를 건너간다."

_프리드리히 니체, 『차라투스트라는 이렇게 말했다』 중에서

244

불확실성이 사랑의 깊이를 만든다

우리는 확실한 것을 선호한다.

삶에서 가장 확실한 것은 죽음이다.

사랑에서 가장 확실한 것은 불확실성이다.

우리가 가장 두려워하는 바로 그것만이 가장 확실하다.

세상에는 두 종류의 사람이 있다.

가장 확실한 것을 은폐하고 왜곡하는 사람.

광기로 넘어서려고 하는 사람.

그러나

죽음이 삶의 의미를 만들고

불확실성이 사랑의 깊이를 만든다.

상처라는 사랑의 증명

#상처받지 않는 사랑은 불가능하다

신윤복의 「월하정인」을 보자. 눈썹달이 떴고 담벼락을 배경으로 쓰개치마를 둘러쓴 여성과 갓에 도포 차림을 한 남성이 등장한다. 얼굴만 보면 마주하는 것 같지만 남성이 신은 코고무신의 방향이 얼굴과 반대 방향이다. 둘이 어디론가 가려 하고, 앞장선 남성이 뒤따라오는 여성을 돌아보는 모습이라는 걸 알 수 있다. 그림 중앙에는 '월침침야삼경月沈沈夜三更, 양인심사양인지兩人心事兩人知(달빛이 침침한 한밤중에, 두 사람의 마음은 두 사람만 알겠지)'라는 화제가 쓰여 있다. 화제에 나오는 야삼경夜三更은 밤 11시부터 새벽 1시까지의 시간이다. 들키면 안 되는 사이임을 암시한다. 그런데 그림에서 이상한 점이 있다.

남성이 등불을 들고 있는데 두 사람의 발밑에 그림자가 없다. 이들은 사람이 아니라 귀신일까?

놀라지 마라. 전통 한국화에서는 그림자를 그리지 않는다. 그림은 허상이고, 그림 속의 인물은 사람이 아니다. 고로 그림자를 그리지 않는 것이 일종의 불문율이었다. 살아있지 않은 사람에게는 그림자가 없다. 바꾸어 말하면 살아있기에 그림자가 있다. 허상이 아니기에 그림자가 있다. 실재하기에 찢김이 있다. 찢기면서 벌어진 틈에서 흘러나오는 것은 낭자한 선혈이 아니라 빛의 눈부신 알갱이들이다.

인간이라는 존재의 그림자인 '상처'는 나는 살아있다고, 너를 사랑하는 것이 허상이 아니라는 증명이다. 사랑한다는 것은 기꺼이 찢길 각오가 되어 있다는 것이다. 상처받지 않는 사랑은, 유감스럽게도 불가능하다. 사랑이 깊을수록 가슴 깊숙이 묻어둔 오랜 상처가 씀벅씀벅 건드려진다. 이제 그 그림자를 빛에 걸어두고 정면으로 마주할 때이다. 만나거들랑 우선은 안아주자. 비난하지 말자. 충분히 이야기를 나누자. 그렇게 헤어질 준비를 하자. 그리하여 드디어 떠나보냈을 때 연인에게 더 이상 투사하지 않을 수 있고, 있는 그대로 사랑하고 사랑받을 수 있으며, 사랑을 순수 소비할 수 있게 될 것이다.

또 다른 상처는, 아무리 사랑해도 완전한 합일이 불가능하다는 사실을 깨달았을 때, 연인과의 합일을 통해 낙원에 가려 했던 것이 한낱 개꿈이었다는 사실을 깨달았을 때이다. 사랑을 쇼핑하기를 멈추고, 과감하게 지금까지 내가 그려온 낙원을 포기하자. 사랑을 새롭게 프로그래밍하면 새로운 장이 열린다. 그림자 없는 그림에서 걸어 나와 현실에 내 사랑을 두자. 그림자가 생기면 꺼내서 햇볕에 말리고, 찢기면 꿰매고… 그러자는 다짐을 나누자.

사랑과 에로티시즘 사이

#유쾌한 감각 운동

사랑을 할 때 여자는 어떻고, 남자는 어쩌고 하는 말을 참고하지 마라. 맞고 틀리고를 떠나 뿌리 깊은 남녀차별에서 나온 편견이다. 여남의 차이를 이해하고 싶다고 해서 심리에 기초한 연애의 술수 같은 걸 보지 마라. 연애를 권력관계로 파악하고 주도권을 쥐는 방법이 주를 이루는데 연애에 대한 시각부터 틀렸다. 생물학적인 차이를 제외하고 여남이 다르다는 인식은 전적으로 정치와 사회, 가정이 작당해서 만들어낸 고정관념이다. 이 사실을 알고 나면 여성과 남성 모두 그동안 얼마나 성性이라는 성城에 갇혀 살았는지 깨달아 억울하다 못해 분한 심정마저 든다.

여성이든 남성이든 사랑받고 싶고, 인정받고 싶고, 보호받고 싶고, 자유롭고 싶은 사람이라는 점에서 하나도 다르지 않다. 그리고 이보다 강렬한 욕구가 '나는 충분히 사랑받을 수 있고, 인정받을 수 있고, 보호받을 수 있고, 자유로울 수 있는 존재'라고 확신하고 싶은 자기긍정이라는 사실도 기억하자. 여성-남성이 아니라 사람을 이해하는 것이 먼저다. 그런 다음 여남의 차이가 어떻게 생성되고 선전되고 고착화됐는지 공부하면 "도대체 왜 저래?" 싶은 것들의 배경을 이해하고 배려할 수 있다.

사람은 참 신기하게도 자신의 개성을 편안한 상태에서 맘껏 뽐낼 수 있을 때 누구라도 변화무쌍하고 매력적이다. 밀당이 연애의 긴장감을 높이기 위해 필수라고 주장하는 이들이 있는데 그런 주장은 단기 한정이고, 편안한 상태에서 개성을 맘껏 뽐내게 해주면 저절로 연애의 긴장감이 높아질 거다. 사람은 생각보다 일관적이지 않으며 여러 모습을 감추고 있다.

개인적으로 '성인의 내면에 아이가 있다(내면아이)'는 주장을 불편하게 여기지만, 연애는 '에로티시즘'과 '내면아이'라는 상반된 두 가지 속성을 드러낼 수 있게 하는 유일한 관계라고 생각한다. 연애의 재미 또한 그 두 가지를 얼마나 만끽할 수 있느냐에 달린 것도 같다. 안전하고 편안하게 드러낼 수 있을 때, 또한 상대의 그러한 모습에 부디 둔감하지 말고 예민하게 반응할 때, 사랑은 유쾌한 감각 운동이 되어 너와 나, 나와 나의 전일성을 이룬다. 모든 깨진 것들이 흔적 없이 붙여져 비로소 온전한 하나가 된 기분. 지고의 기쁨이다.

사랑은 수학 문제 풀이가 아니라 상반된 두 화학물질의 결합에 가깝다. A와 B가 만나 AB가 아니라 전혀 다른 C가 되는 것이다. 그 C가 무엇일지 현재로서 전혀 예측할 수 없다. 그래도 한 가지 분명한 것이 있다면 A도 B도 C로 변화한다는 사실이다.

에로티시즘과 사랑을 구별해야 한다

#좋은 중독, 나쁜 중독

인간의 속성은 옳고 그름이 아니라 좋음-싫음, 쾌-불쾌를 따라간다. 쾌락을 느낄 수 있으리라 기대하는 것을 선택하고, 그 선택이 옳다고 믿는다. '쾌락'은 대표적으로 오염된 어휘 중 하나지만, 그 본래 뜻은 '유쾌하고 즐거움, 또는 그런 느낌', '감성의 만족, 욕망의 충족에서 오는 유쾌하고 즐거운 감정'으로 우리 삶에 없어서는 안 되는 필수 조건이다.

모든 인간은 쾌락주의자이다. 그리고 모든 쾌락은 쉽게 중독으로 이어진다. 약물중독과 마찬가지로 내성이 생겨 더 강한 자극과 보상을 느낄 수 있어야 쾌락을 느끼고, 중단할 경우 금단 증상이 생긴다. 극단적인 경우 "이대로 죽어도 좋아!"

같은 상처도 무릅쓰게 하고, 억지로 끊을 경우 "죽을 것 같아!" 같은 절박함을 느낀다. '유쾌하고 즐거움, 또는 그런 느낌', '감성의 만족, 욕망의 충족에서 오는 유쾌하고 즐거운 감정' 너머에 '중독'이 있다. 단지 좋은 중독, 나쁜 중독의 차이만 있을 뿐이다.

현대인은 대부분 사랑보다 쾌락을 먼저 경험한다. 설탕, 스마트폰, 게임, 니코틴, 알코올, 심지어 모르는 사람은 결코 동의할 수 없는 운동이나 일이 주는 쾌락도 크다. 무엇이 됐건 우리는 이미 쾌락의 맛이 무엇인지 아는 상태에서 사랑에 빠진다. 사랑에는 성적인 욕망이 필연적으로 따른다. 닿고 싶어서 만지고 싶다. 만져도 닿지 않는다. 닿을 수 있을 때까지 만지고 싶다. 이를 허용하지 않는 사랑은 할머니 뼈 해장국, 손칼국수, 눈깔사탕만큼이나 무섭다.

더 무서운 것은 쾌락의 희열에 빠져 그 감각이 사랑인 줄 아는 것이다. 그동안 경험한 그 이상의 쾌락을 연인에게 원하고, 쾌락의 수위를 기준으로 사랑을 가늠하기도 한다. 그 정도로 쾌락의 힘은 강력해서 사랑을 혼란스럽게 한다. "나는 너를 강렬하게 원해." 이런 말이 정열적인 사랑의 고백인 줄 아는 이들이 많았고, 지금도 많으리라. 말 그대로 그냥 '원하다'일 뿐이다. 사랑과 쾌락은 같이 갈 수도, 따로 갈 수도 있으며 사랑이 먼저일 수도, 쾌락이 먼저일 수도 있다.

특히 쾌락의 으뜸이라는 에로티시즘과 사랑은 구별되어야 한다. 사랑에 에로티시즘이 없으면 꽤 난처하지만 쾌락에 사랑이 없으면 신세 망치기 딱 좋다. 무엇보다 사랑 자체가 이미 '쾌락'이라는 사실을 기억하기 바란다. 사랑에 빠지는 순간, 중독의 가능성을 예고하며 중독을 피할 수 없다. 단지 좋은 중독, 나쁜 중독이라는 차이가 있을 뿐인데, 그 차이는 '나와 너'이냐, '나와 그것'이냐에 달려 있다.

사랑과 쾌락, 그리고 좋은 중독, 최고의 삶이 아니겠는가.

"쾌락을 얻으려고 노력하는 게 아니라 노력 그 자체 속에서 쾌락을 발견하는 것, 그것이 나의 행복에의 비밀이다."

_앙드레 지드

좋은 것과 싫은 것, 참을 수 없는 것

#관계 유지의 힘

연인은 내가 좋아하는 것들로만 구성된 선물 상자가 아니라 내가 싫어하는 것도 들어있는 선물 상자이다. 좋아하는 것들만 받는 게 아니라 싫어하는 것도 받아야 한다. 그러기 싫어서 눈을 질끈 감는다. 마치 눈을 감으면 사라지기라도 할 것처럼. 그러면서 좋아하는 것에는 눈을 크게 뜬다. 눈을 크게 뜨면 커지기라도 할 것처럼. 사람에 따라 차이는 있지만 이렇게 자의적으로 자기 눈을 감았다 크게 떴다 하는 것은 짧게는 석 달, 길게는 3년 이상 가기 힘들다. 이때가 되면 멀쩡하게 자기 눈이 돼서 그동안 의도적으로 무시했던 파트너의 싫은 점이 크게 보인다. 다행히 눈을 크게 뜨고 보았던 좋아하는 점은 여전히 좋아 보인다.

대부분의 연인이 상대에게 내가 싫어하는 점이 있어도 좋아하는 점이 있어서 만남을 지속한다. 문제는 참을 수 없을 정도로 싫은 점과 이상적이라고 할 정도로 좋은 점을 동시에 가진 연인일 경우다. 오랜 연인일수록 이런 딜레마에 처하는 경우가 많다. 참을 수 없을 정도로 싫어진 이유는 그동안 고쳤으면 해서 수없이 말했는데 고치지 않아서 감정이 쌓였을 가능성이 크다. 그것 때문에 헤어질까 역시나 수없이 고민했지만 자기가 좋아하는 점 역시 변함이 없어서 헤어지지 못한다. 의외로 많은 연인이 이 점을 두고 고민한다.

"앞으로도 고쳐지지 않을 테니까 포기해"라거나 "그렇게 싫으면 헤어져"라는 조언은 현실적이지 않다. 포기할 수도 없고 헤어질 수도 없어서 고민하는 걸 테니까. 이럴 때는 우선 파트너와 허심탄회한 대화가 필요하고 이 대화의 목적은 그래서 고칠 거야, 안 고칠 거야가 아니라 자신이 왜 그토록 싫어하는지에 대한 이유와 파트너가 고치지 못하는 이유를 이해하는 것에 있다. 그 후에 파트너가 의식하고, 노력하느냐 아니냐가 중요하다. 노력해서 고치면 최상이겠으나 안타깝게도 그렇게 되지 못할 가능성이 크다. 그러나 노력하는데도 고치지 못하는 것과 노력도 안 하고 고치지도 않으려고 하는 것은

'희망'에 관련한 것이기도 하다. 전자의 경우라면 함께 하는 삶에 희망이 있지만 후자의 경우라면 희망이 없다. 앞으로도 파트너에게 매사 그런 식일 것이다.

우리가 정작 참기 힘든 것은 바로 그런 태도에 있다. 싫어하는 것이 계속 싫어하는 것이기만 하면 관계를 유지할 수 있다. 그러나 싫어하는 것이 참기 힘든 것이 되어버리면, 도저히 참을 수 없는 것이 되기까지 시간문제다. 그렇게 되기 전에 착한 연인인 척 눈을 질끈 감지 말고 두려움을 무릅쓰고 계속 조율해야 한다. 조율하기 위해서는 내가 바라는 음을 설정하는 것이 아니라(그렇게 하는 것은 통제다) 상대가 내는 음을 정확히 듣는 것이 우선이다. 그런 다음 「신뢰를 쌓는 대화의 기술」에서 언급한 내용을 적용하면 좋겠다.

257

사랑에 실패는 없다,
과정만 있다

#사랑의 경험

잠에서 깨어날 때마다 딱딱해진 껍질을 벗고 사르락 사르락 열심히 먹고 또 자면서 몸을 키운다. 사람도 자야 키 큰다지만, 조금 전의 주인공은 사람이 아니라 누에다. 누에는 알에서 나방이 될 때까지 네 번 잠을 자고, 그때마다 탈피한다. 마지막 네 번째 잠에 들어갈 때는 이전과 다른 행동을 보인다. 실을 토해 제 몸을 칭칭 둘러싸 고치를 짓고 아무것도 먹지 않고 컴컴하게 지낸다. 그런데도 겉은 계속 투명해진다. 마치 '고독'을 형상화한 것 같다. 그렇게 보름 정도 지나면 내가 언제 애벌레였느냐는 듯 날개를 달고 나와 훨훨 날아간다.

'이루어지지 못한 사랑'이라고 하는가, '실패한 연애'라고 하는가. 모두 진정으로 사랑할 줄 아는 사람이 되기 위한 '잠'이었다. 사랑에는 실패나 성공이 없다. 단지 사랑했느냐, 사랑하지 않았느냐만 있다. 사랑받았느냐, 사랑받지 못했느냐로 실패니 성공이니 운운하지 마라. '나와 너'의 관계인 줄 알았는데 '나와 그것'의 관계로 이용당했다는 배신감에 치가 떨리는가? 당신이 '사랑했다면' 이용당했던들 어떠랴. 당신의 마음과 시간과 돈을 일방적으로 소모했던들 어떠랴. 기꺼이 이용당하고 기꺼이 바치라. 내 역할이 딱 거기까지일 뿐이라고 마침표를 찍고 그 마침표마저 바다에 버려라. 버린 거 주워오지 마라. 두 번은 같은 사랑을 하지 말라는 소리다. 그리고 부디 밖에서 헤매지 말고, 안에서 잠을 자라. 어두컴컴한 데서 홀로 잠을 자는 동안 자기 자신과 타인과 세상을 보는 눈이 투명해질 것이다. 그런 다음엔 예쁜 꿈을 꿀 것이다. 네 번째 잠을 자고 나면 그 꿈대로 행할 수 있을 것이다. 훨훨 날아가는 나방이 되든가, 부드러운 비단이 되든가. 기억하기를….

사랑에 실패는 없다. 과정만 있다. 성공이 있을지 없을지는 죽어봐야 알 수 있을 것 같다. 그러니 샴페인을 일찍 터트리지 마라. 아니, 매일 샴페인을 터트리는 게 좋겠다. 내 일은 내가 알아서 하지만 내일은 어떻게 될지 알 수 없으니까.

사랑은
끝내 더 큰 것을 돌려준다

#온전한 사랑의 완성

헤르만 헤세의 단편소설에 『아우구스투스』라는 작품이 있다. 주인공 '아우구스투스'를 모든 사람이 사랑했는데, 이런 마력은 어머니가 이웃인 '빈스반게르'에게 베푼 친절 덕분이었다. 그는 천사와 같은 존재로 착한 엘리자베드 부인을 위해 소원 한 가지를 들어주기로 약속했었는데, 엘리자베드는 아들을 낳고 소원을 빌었다. "모두들 너를 사랑하지 않고는 견딜 수 없게."

아우구스투스가 자라 성인이 되자 '물건과 일이 그가 생각하는 대로 들어오고 되어갔다. 여자들은 애정을 가지고 그의 곁을 둘러싸고 친구들도 그에게 무조건 열중했다.' 모두가 꿈꾸는 삶을 살았지만, 아무런 불행이 없는 삶이 불행이었다. 아우구스투스의 마음은 공허하고, 영혼은 병들어갔다. 너무나 쉽게 자신을 사랑하는 사람들에게 진절머리가 났고, 아무런 욕망도 가치도 느낄 수가 없었다.

어느 날, 진실 없는 이 삶을 끝내기로 결심하고 독약을 마시려는데 '빈스반게르'가 찾아온다. 대신 독약을 마셔버리고는 아우구스투스를 위해 하나의 소원을 더 들어주기로 한다. 아우구스투스의 소원은 무엇이었을까.

"제가 사람들을 사랑할 수 있도록 해주세요."

마력이 사라진 아우구스투스의 삶은 한순간에 몰락한다. 앞다퉈 재물을 바쳤던 친구들이 사기꾼이라며 고소했고, 온갖 죄악이 폭로되면서 형을 선고받는다. 오랜 세월이 지나 출옥했을 때 병들고 늙은 몸이었지만 질식할 것 같았던 무서운 공허와 고독은 더 이상 없었다. 아우구스투스는 어떤 형태로든 소용이 있는 사람이 되기로 결심하고, 자신이 가지고 있는 아주 작은 것이라도 나눠주기 위해 노력한다. 그러자 놀라운 일이 벌어진다. 모두에게 사랑을 받았던 아름다운 시절에는 그토록 공허하던 세상이 기쁨과 감동의 원천이 된 것이다. 그 근원에 많은 불행 속에서도 미소와 노래, 예의와 행복을 잃지 않는 사람들, 그리고 생활의 기쁨이 있었다. 생의 끝자락에 이르러 마침내 깨닫는다.

"세상을 줄곧 부정적으로 보며 살아온 것 같았다. 세상은 정말 멋지고 사랑할만한 가치가 있는 것이었다."

공감할 수 없었고, 의심했으며, 불신했다. "사랑하는 것은 사랑을 받느니보다 행복하나니라"✣ 같은 말. 모든 것에 잉여가 발생할 수 있어야 행복이라 믿었다. 사랑도 예외일 수 없었다. 심지어 "사람은 사랑 없이 살 수 없다"는 말까지도 부정하고 싶었다. 사람이 누구에게도, 아무것에도 의존하지 않고 잘 살 수 있으면 얼마나 편리하고 좋을까. 사랑은 한우 쓰리 뿔만도 못한 개뿔이라 가성비도, 가심비도 좋지 않다. 시간적 물질적 체력적으로 손해 볼 것이 확실하고, 작게는 수없이 상처받고, 크게는 죽고 싶은 절망에 빠질 수 있다. 한없이 불투명하고 불확실해서 전력을 다해도 성공할 수 있을지 장담할 수 없고 미래를 약속받을 수 없다.

나는 절대 저렇게 살지 말아야지. 믿지 말아야지. 당하지 말아야지. 마음의 문을 닫아걸고 경비 시스템을 가동하며 괜한 허세를 부리기도 했다. "난 사랑 같은 거 관심 없어요" 했을 때

✣ 유치환 시詩, 「행복」의 일부

아버지 얼굴에 떠오른, 이해할 수 없다는 표정을 잊지 못한다. 기가 찬다는 듯 물으셨다.

"사랑도 모르면서 어떻게 글을 쓴다는 거냐?"

뇌 속에 얼음 한 통이 와르르 퍼부어졌다. 그 질문은 30년이 흘러도 녹지 않아 지금도 차갑게 달그락 달그락거린다. 그 때마다 뉴런이 제자리를 찾아간다. 나는 위악적이었고, 어리석었고, 아무 대답도 할 수 없었다. 아버지가 말씀하신 글이란, 러브스토리가 아니었다. 아버지는 아셨다. 사랑이 모든 행위의 영감이자 원동력이며 생의 근원이라는 진실을.

삶의 많은 일을 오랜 세월이 지난 다음에야 이해한다. 지나고 난 다음에야 제대로 본다. 내게 벌어진 일들은 늘 내 수준에서 풀기 어려운 숙제였다. 출제 의도가 무엇인지조차 제대로 파악할 수 없는 문제 말이다. 내가 도저히 풀 수 없는 문제를 던져놓고 풀지 못한다고 나를 때렸다. 많이 때렸다. 삶은 폭력적이다.

이제야 그때 겪은 일들의 진실과 가치를 조금은 알 것 같다. 지금의 나라면 스무 살에 그 일을 겪었을 때, 서른 살에 그 일을 겪었을 때, 이러저러하게 잘 풀 수 있었을 텐데, 그래서 맞지 않고 오히려 갈채를 받았을 텐데, 하는 것들이 한두 가지가 아니다. 특히 '사랑'이 그러하다. 그러나 세월이 흐를수록 점점 더 뚜렷해지는 것은, 사랑이라고 이름 붙인 모든 것이 다 온전했다. 나는 온전하게 주었고, 온전하게 받았다. 세상에 그 어떤 사랑도, 내가 사랑했던 것보다 끝내 더 큰 것을 돌려준다. 그것이 영혼에 무늬로 새겨진다. 어떤 무늬인지 이고르 스트라빈스키가 구체적으로 귀띔해주었다.

"인간의 본질을 바르게 통찰할 수 있는 것은 오직 사랑을 통해서만 되는 것이 아닐까."

이것이 "사랑하는 것은 사랑을 받느니보다 행복하나니라"에 담긴 삶의 신비이다. 사랑은, 사랑을 통해서만 배울 수 있다.

영원한 사랑 같은 거
믿지 않던 내가
당신을 만나 사랑하고,
사랑하고, 사랑하고, 살고
영원한 사랑 같은 거
믿지 않던 내가
당신과 헤어지고,
헤어지고, 헤어지고, 해지고

그런 후에야,
그러고도 한참의 세월이 흘러서야
영원한 사랑을 믿게 되었다.
당신이 내 곁에 머물던 시간이
내 살 속에 새겨져 있다는 사실을 알아차린 날,
그리하여 지금의 나를 만들었다는 사실을 알아버린 날,

나는 당신과 헤어지기 전으로
돌아갈 수 없고,
당신을 사랑하기 전으로
돌아갈 수 없고,
우리 서로 몰랐던 시절로
돌아갈 수 없고
그래서

예전이 아닌 지금의 모습으로 살아갈 것이기에
내가 당신을 얼마나 사랑했는지
또 당신이 나를 얼마나 사랑했는지 다 잊어버려도
설령 내가 모든 기억을 잃는다 해도
살 속에 새겨진 무늬는 지워지지 않겠지

그러니 나는
이제 와서야 영원한 사랑을 믿게 되었다
한 사람이 한 사람을 사랑했던 시간은
자신의 살 속에 무늬로 새겨지며
때로 새벽 세 시,
살 밖으로 나오기도 하는 그 무늬가
남은 인생의 문양을 만들어간다
내가 되어버린 당신과 함께

사랑의 도구들

사랑할 때 미처 몰랐던 관계의 모든 것

초판 1쇄 인쇄 2023년 6월 19일
초판 1쇄 발행 2023년 6월 27일

지은이 유선경
펴낸이 김선식

경영총괄 김은영
편집인 이여홍

콘택트 편집팀 여인영
마케팅본부장 권장규 **마케팅2팀** 이고은, 김지우
미디어홍보본부장 정명찬 **브랜드관리팀** 안지혜, 오수미, 문윤정, 이예주
크리에이티브팀 임유나, 박지수, 변승주, 김화정 **뉴미디어팀** 김민정, 이지은, 홍수경, 서가을
지식교양팀 이수인, 염아라, 김혜원, 석찬미, 백지은 **영상디자인파트** 송현석, 박장미, 김은지, 이소영
저작권팀 한승빈, 김재원, 이슬 **재무관리팀** 하미선, 윤이경, 김재경, 안혜선, 이보람
인사총무팀 강미숙, 김혜진, 지석배, 박예찬, 황종원
제작관리팀 이소현, 최완규, 이지우, 김소영, 김진경, 양지환
물류관리팀 김형기, 김선진, 한유현, 전태환, 전태연, 양문현, 최창우
외부스태프 디자인 어나더페이퍼

펴낸곳 다산북스 **출판등록** 2005년 12월 23일 제313-2005-00277호
주소 경기도 파주시 회동길 490
전화 02-704-1724
이메일 lyh22@dasanimprint.com
홈페이지 www.dasan.group
용지 신승지류 **인쇄** 북토리 **코팅 및 후가공** 평창피앤지 **제본** 국일문화사

ISBN 979-11-306-4415-8 (03190)

* 콘택트는 ㈜다산북스의 임프린트입니다.
* 책값은 뒤표지에 있습니다.
* 파본은 구입하신 서점에서 교환해드립니다.

콘택트(CONTACT)는 독자 여러분의 책에 관한 아이디어와 원고 투고를 기쁜 마음으로 기다리고 있습니다.
책 출간을 원하는 아이디어가 있으신 분은 아래 메일로 간단한 개요와 취지, 연락처 등을 보내주세요(lyh22@dasanimprint.com).